第三帝国

燃烧的土地

美国时代生活编辑部 / 编

卜祥丽 / 译

修订本

海南出版社

·海口·

目　录

致读者

首先应当承认，本书的策划并非出自我本人的想法。

事实上，当一小批时代生活图书公司的编辑和作者开始极力主张推出这样一个系列的时候，我的第一反应是："有关第三帝国的话题难道还能有什么新意吗？"

可是，当前往柏林、华盛顿和莫斯科的采访人员逐步发回他们的稿件——私人珍藏的回忆录和相册堆满了我的办公桌——目击者的记录和官方秘藏的文件被一一发掘出来之后，我觉得我的疑问已经找到了最好的答案。

我们正在接近一项重大的成果：对纳粹统治下的德国的一个全新的认识——从第三帝国的内部来解剖它。

本系列共有21本。每一本都向您展示了第一手的私人记录、从未发表过的照片、亲历者的回忆录和新解密的官方档案。它们恰如一幅徐徐展开的巨型画卷，将您带回那腥风血雨的黑暗时代，让您仿佛置身于喧嚣狂热的柏林、遍地瓦砾的华沙、燃烧的斯大林格勒、沙尘滚滚的北非，恍如走进了令人不寒而栗的集中营、党卫队的秘密会议室、希特勒的办公室、他的书房和卧室，甚至把握到他的思想动态。每一本都有一个中心主题，整个系列连起来则构成了迄今为止最完整、最细致的"第三帝国史"。

这就是我们所做的工作，让真实的历史说话。

为了不给苏军留下过冬的住处和粮食，德军在向西撤退之前烧毁了一个小村庄里所有的房屋。

大毁灭

　　1943年夏末，燃烧的农田和村庄升起的浓烟，笼罩在白俄罗斯和乌克兰的上空。在斯大林格勒（伏尔加格勒）和库尔斯克吃了败仗正被苏联红军步步紧追的德军部队执行"焦土"政策，把他们不得不放弃的土地，烧得片甲不留。

　　大规模的烧、杀、抢、掳对东部前线来说已经不是第一次了；德军早已例行公事似的烧毁了许多村庄，杀害了那些被怀疑支持苏联游击队的村民。然而现在执行的新政策，却有着不同的目的：为了不给苏军留下任何食物、住所、通信设施以及招募新兵的劳力。"能够减缓这样一支军队的唯一方法就是，"一位将军写道，"摧毁所有能够用来吃、住的东西。"

　　德军的卡车、火车和马车装满了所有在战争中可能用得着的东西，包括食物、牲畜、机器和大量的劳动力，浩浩荡荡向西而行。带不了的东西就被烧毁了。另外，他们还特别在第聂伯河东岸制造了15英里宽的"人造沙漠"，希望能够阻挡凶猛的敌人。这样，德军有机会争取时间重组部队，加固他们在河这边的防线。

　　即使德军没有能够达到预期的片甲不留的目标，他们的身后也早已是一片废墟：乌克兰近100万吨粮食已成灰烬；50万头牲畜被赶往西部；几百个村庄和城市化为乌有。而那些老百姓稍有抵抗就惨遭杀害。

　　破坏行动的确阻碍了敌人的前进，但是，所带来的影响在红军的后勤得到改进之后就变小了。这一充满残暴、无耻的报复的"焦土"政策，甚至还砸了自己的脚：当红军横扫乌克兰南部的时候，80000名饱受折磨的老百姓蜂拥加入苏军的队伍。

切断交通线

爆破手们在铁路线上埋下炸弹，旨在摧毁红军最为依赖的交通方式。

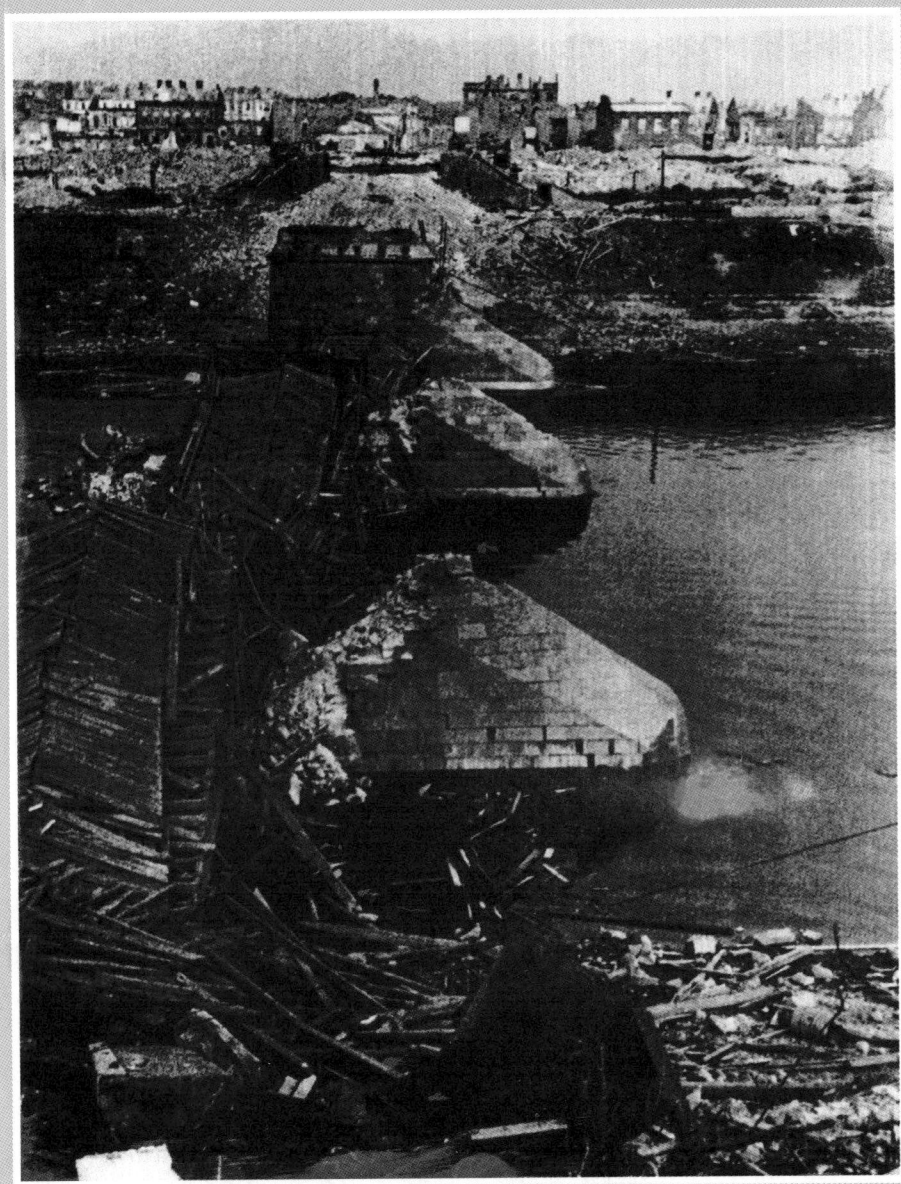

　　一座被炸毁的桥倒塌在德维纳河里。这座桥位于维捷布斯克，维捷布斯克是白俄罗斯最重要的、希特勒下令坚守到底的 6 个城市之一。

烧毁苏联粮仓

向第聂伯河撤退的途中，德国骑兵点燃了一堆堆的粮食。

在乌克兰，成千上万被德军杀死的牲畜在地里腐烂。

火焰吞没了乌克兰首都基辅。它是德军撤退途中烧毁的几百个城市中的一个。

德军的信号兵扯断了电话线，这可是辽阔的东部前线必需的通信手段。

撤退序曲

1943 年 10 月，一个德国兵牵着牲口在过桥，就像一个牧民。

千千万万的劳动力被送往德意志帝国的农田和工厂，图中饱受奴役的平民是其中一部分。

遭遇抵抗

极度惊愕的基辅当地居民查看堆叠一处的尸体。这些人在 1943 年末德军撤出基辅时惨遭杀害。整个东部前线还有许多城市成千上万的人遭受了同样的命运。

1. 致命的赌博

943 年 3 月末，大地开始融化，整个俄国一片泥泞。战争停止了，一种不祥的静谧笼罩着东部前线。一年前阿道夫·希特勒发动的"蓝色行动"以在斯大林格勒的惨败而告终，现今德军占据的地盘与当时相比相差无几，虽然苏军曾将德国以及罗马尼亚、匈牙利、意大利盟军逐出了高加索地区和顿河流域，但是陆军大元帅埃里希·冯·曼施坦因却奇迹般地扭转格局，用一个漂亮的反扑粉碎了斯大林冬季发起的进攻，不仅收复了乌克兰的哈尔科夫（苏联乌克兰东北部城市），而且还沿着米乌斯河重新建立了新的战线。

从地图上看过去，德国战线绵延 1500 英里，从芬兰海湾一直到达黑海，但是这种看似壮观的景象却掩盖不了真实情况。159 个师当中，大多数都已经筋疲力尽，特别是装甲师，平均每个师可以用来打仗的坦克还不到 30 辆，而且大部分都是已经过时了的Ⅲ型和Ⅳ型坦克。

相反，苏维埃红军却日益壮大，其步兵的数量已经以 4 比 1 的比率远远超过了德军。而且，其空军、炮兵部队和装甲部队无论是数量还是质量都大大增强。苏军 T-34 型中型坦克和 KV 型重型坦克在乌拉尔山脉地区

在"堡垒"行动中，即 1943 年 7 月初德军对以库尔斯克（苏联中俄罗斯丘陵西南部城市）为中心的苏联突出部阵地进行的大规模进攻计划，陆军元帅埃里希·冯·曼施坦因(左)在专心地研究一份地图。东部前线最后一次的大规模进攻以失败告终，对纳粹国防军来说极具毁灭性。

17

正以每月 2000 辆以上的速度生产。T-34 型中型坦克的威力，德军在 1941 年冬天进军莫斯科时就第一次领教了。另外，来自美利坚的额外援助，包括吉普车、卡车、飞机以及大量的食品，正源源不断地从大西洋摩尔曼斯克港口（苏联西北部港市，临科拉湾）运往前线。

希特勒 1941 年 6 月进攻苏联时所预见的唾手可得的胜利成了一个不切实际的梦想。两年的时间过去了，150 万士兵伤亡，德军陷入了两难境地：面对日益壮大的、已经开始觉醒的敌人，这场战争如何继续？

希特勒在这次战争中头一回失去了优势。目前，德意志帝国双线作战，而且均处于劣势。同盟国最近加强空军火力以轰炸德国的一些城市和工业中心；另外，同盟国陆军在北非围堵德意盟军。气急败坏的贝尼托·墨索里尼逼迫希特勒要么与苏维埃讲和，要么沿着东部前线建立起坚固、持久的壁垒，抽调出军队前往南欧和西欧应对盟军即将发起的进攻。在罗马尼亚，扬·安东内斯库将军害怕斯大林复仇心切，在西部前线谋求和解，以集中兵力对付苏联。希特勒当然不愿意放弃任何一边，他需要的是一个漂亮的胜仗，来挽回他日渐下滑的威望。

放下这些暂且不提，更糟糕的是希特勒对他的属下已经完全失去了信任，而且刚愎自用。用曼施坦因的话说就是："最要命的是他的执念，他认为我们必须为他在 1941 年冬天从斯大林手里夺得的每一块土地而战。根据他的观点，正是这样一种信念，'使德国军队免于

岌岌可危的前线

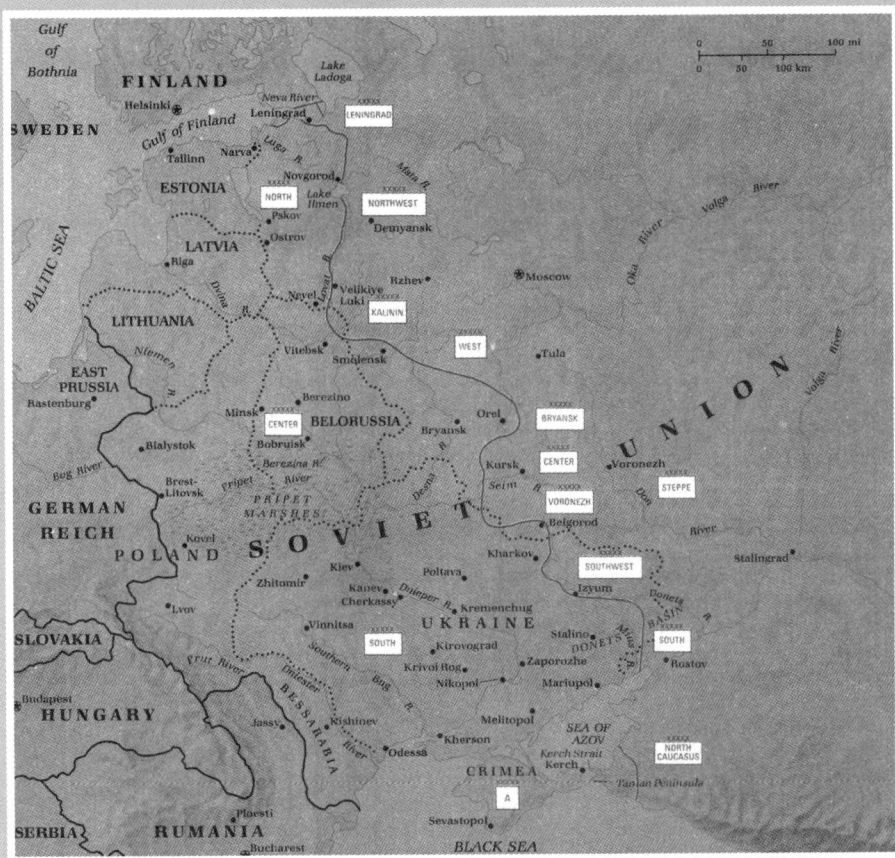

　　1943年夏初，东部战线局势总算稍微稳定下来，战线从芬兰海湾一直到黑海，长达1500英里，和一年以前差不多。在北边，德军仍然被困在列宁格勒（彼得格勒）；在南边，继斯大林格勒惨败之后，德军已被赶出了高加索山脉和顿河。但是，整个冬天，陆军元帅埃里希·冯·曼施坦因一直在进行反攻，重新夺得乌克兰城市哈尔科夫，并沿着顿涅茨和米乌斯河建立了新的战线。在这条战线中还遗留了一块以库尔斯克为中心的突出部。准备在夏天发起的一场进攻计划中，希特勒将目标瞄准了库尔斯克，试图两面夹击，一举攻破库尔斯克。而这注定是德军在东部战线上最后一次大规模的进攻。

拿破仑式的大溃退'。"渐渐地，希特勒把自己看成是果敢的军事天才。

然而，在东部战线，希特勒根本没有足够的力量发起进攻，甚至无法守住原先夺得的苏联领土。唯一可行的办法可能是发起一次强力的局部进攻，充分削弱苏军的兵力，好让德军在东部前线的某些区域重获上风。那么，应该选择在哪里采取行动，又如何实施呢？

在曼施坦因反扑斯大林的战斗中，苏军守住了一大片深入德军东部战线中南方向的突出部阵地。这一突出部，以库尔斯克为中心，共110英里长，深入德军防线60英里，位于陆军元帅京特·汉斯·冯·克鲁格率领的中央集团军与曼施坦因率领的南方集团军交界的地方，并夹在两块较小的由德军占领的突出部之间。一块以库尔斯克以北80英里处的奥廖尔为中心，一块以库尔斯克以南120英里处的哈尔科夫（乌克兰东北部城市）为中心。从哈尔科夫开始，德军的防线沿着顿涅茨河和米乌斯河向南延伸，一直到达亚速海。

否决了几份方案之后，希特勒同意了由德军总参谋长库尔特·蔡茨勒将军策划的行动计划。蔡茨勒建议攻打苏军最暴露的目标，即库尔斯克突出部。他设想集中火力发动一系列战役，包围并消灭驻守在库尔斯克的苏军。这种方法百试不爽，在明斯克（白俄罗斯共和国首都）、布良斯克、斯摩棱斯克（苏联西部城市）、乌曼和基辅（乌克兰共和国首都）战役中都取得过辉煌的战绩。

他把所有可用的兵力都集中在了刀刃上：中央集团军由沃尔特·莫德尔将军率领的第 9 军从奥廖尔向南出击；而曼施坦因南方集团军由赫尔曼·霍特率领的第 4 装甲军和沃纳·肯普夫将军率领的军团从别尔哥罗德突出部向北出击。两支部队将在库尔斯克东部高地会合，这样一来，不仅会把防线缩短 140 英里，而且不给苏军任何反扑的机会。

风险和收益总是成正比的。为了加强第 9 军和第 4 装甲军的兵力，东部前线可用的装备已经少得可怜了。这使得奥廖尔东北部和哈尔科夫南部防线的实力大大削弱，面对在侧虎视眈眈的苏军坦克部队显得十分脆弱。所以说，对库尔斯克的进攻必须迅速、猛烈、果断。否则，后果不堪设想。

3 月 13 日，希特勒和蔡茨勒飞往克鲁格在明斯克的司令部会见陆军将领们。"对我们来说，争取在一些地方抢在苏军的前面打响战斗，意义非常重大，"希特勒说，"这样，我们可以至少在这些地区牵着敌人的鼻子走。"这次代号为"堡垒"的行动被安排在泥泞的大地变干之后开始。曼施坦因和克鲁格对这次行动表示认可，前提是必须抢在苏军完成补给、从冬季损失中恢复元气之前发动攻势。

这次行动若取得胜利，将解决希特勒面临的难题。到时候，他或许可以将参与"堡垒"行动的军队转到陆军元帅乔治·冯·屈希勒尔统领的北部集团军，然后在初夏时分，再对列宁格勒发动最后一击。这座以列宁的名字命名的城市，早在1941年9月起就被德军封锁了。如果能够攻破它，将会确保芬兰继续依附于德意志帝国，让瑞典保持中立，使挪威在盟军眼里不再那么有诱惑力。另外，甚至有可能派出增援部队到地中海支持墨索里尼。

但是，所有这些都只是希特勒的如意算盘。就像后来实际发生的那样，苏军早已预料到了"堡垒"行动。这次行动如此重要，不可能做到长时间完全保密。通过各种各样的情报来源，包括被俘虏的德兵、空中侦察拍摄的图片、被监视的德军无线电台、后方的游击队以及潜伏欧洲的苏联间谍，苏军几乎可以同步获悉德军部署的变化。英国军方也有所贡献。英方曾经截获德军通过恩尼玛密码机传送的高级机密，并通过"ultra"，盟军一个破译德国秘密无限电通讯的组织提供给莫斯科方面。"ultra"的一份告证实德军的确在酝酿一场大行动。3月22日，英方破译一则机密，该机密命令纳粹空军Ⅷ军团前往哈尔科夫，支援计划最早将于4月底开始执行的地面行动。

格奥尔吉·朱可夫将军，苏军最高级副司令员，得知这一消息后，进行了战斗部署。苏军并不打算给德军以重击。相反，他们想通过强有力的防守，粉碎德军的如意算盘，然后再来一个大规模的反攻。"我认为近期内发动进攻对我们来说意义不大，"他对斯大林说，"先通过防守消耗敌人的实力，摧毁他们的坦克，然后再动

1943 年春天，刚刚走下生产线的德国"老虎"I 型坦克被火车运往东部前线。希特勒将"堡垒"行动的成功寄托于这款新设计出来的 63 吨重的新型坦克，并为了解决生产过程中出现的问题而将行动延迟 2 个月的时间。

用我们的储备力量展开反扑，彻底击垮敌人的主力。这样对我们来说更有利。"

由康斯坦丁·罗科索夫斯基将军率领中央方面军驻守在库尔斯克突出部北半部分地区，尼古拉·瓦图京将军率领沃罗涅日（苏联西南部城市）方面军驻守在南半部分地区。库尔斯克突出部内所有的村庄和部落里的人都被疏散了。并且，经过斯大林同意，朱可夫命令罗科索夫斯基和瓦图京在西伯利亚大草原上准备好梯形防御，特别是在奥廖尔以南和别尔哥罗德以北德军有可能发起进攻的路线上。极其复杂的反坦克防御系统是整个防御计划的中坚力量，防御的部署细致到连队一级，意

欲使德军的装甲坦克全军覆没。"所有的战士都变成了
工兵,"一位苏联军官回忆道,"我们挖了几百公里长
的战壕和通信线路,给坦克、枪炮、摩托车和战马都加
上了掩护,给避弹壕加了顶棚,150毫米的炸弹都炸不
烂。为适应当时的地形,我们做了充足的准备。"

从别尔哥罗德向北开往库尔斯克的途中，赫尔曼·霍特将军第4装甲军的坦克在草地上留下了深深的痕迹。

而且，朱可夫指示罗科索夫斯基和瓦图京要保留几支装甲军团作为后备军。而这几支后备军的背后仍有储备力量以防后患。这支预备队就是实力雄厚的西伯利亚大草原战区（后来被称为草原方面军），由伊万科涅夫将军率领，沿着库尔斯克突出部远东地区铺开。

4月15日，就在朱可夫向斯大林递交他的计划后一星期，希特勒签署了第6号命令，"堡垒"行动成为"该年度第一波攻势"。他对指挥官们说，"库尔斯克之战的胜利将会照亮全世界。"原计划4月28日以后开始行动，提前6天时间通知。希特勒告诫指挥官们一定要保守机密，不能透露半点风声，不能让苏军有任何机会打乱他们的计划。然而，希特勒自己却一次又一次地推迟计划，使得原本严密周详的行动变成了一场疯狂的赌博。

第6号命令下达后短短几天，沃尔特·莫德尔将军开始犹豫不决。他抱怨第9军比敌军要少26000人，而且也没有足够多的坦克、重型大炮、火箭炮发射器、机动式冲锋枪来攻打朱可夫的防线。据德国空军的侦察图片，苏军有些地方的防御工事纵深已经有12英里。莫德尔的担心还来自一些报告上所说的，苏军76.2毫米新型反坦克炮能够穿透德军Ⅳ型坦克上的装甲。于是，他与希特勒商量，先沿着杰斯纳河（苏联西部，第聂伯河支流）建立一道防线，等待苏军首先开战会不会更明智些呢？

莫德尔是德军高级将领中为数不多的几个忠心耿耿的纳粹分子之一，尤其受到希特勒信任。作为第9军的司令员，他的质疑让希特勒忧心忡忡。4月28日，由于下雨而临时搁置了"堡垒"行动，他在慕尼黑召见莫德尔。

他听取了莫德尔的报告，并看了一些空中拍摄的图片，这些图片显示了苏军坚固的防御工事。深感忧虑的希特勒取消了"堡垒"行动原来的时间表，并命令东部前线的将军们来到巴伐利亚首都重新商讨这次行动。会议于5月4日召开，参加会议的人包括蔡茨勒、曼施坦因、克鲁格、空军总参谋长汉斯·耶顺内克将军、陆海

在库尔斯克郊区，红军战士们正在挖沟，并将草皮盖在上面来掩护地下的通信中心。当希特勒还在犹豫不定的时候，苏军就开始加固他们的防线，并在30万苏联人民的支持下，修葺了250架桥梁，1800英里长的公路和铁路线，确保了物资运输线路的畅通。

空三军作战总指挥阿尔弗雷德·约德尔将军、军备部部长阿尔伯特·施佩尔和一位有名的坦克专家海因茨·古德里安将军，他最近被希特勒委任为装甲部队的监察长。

肩负着让装甲部队重振雄风的重任，古德里安与施佩尔紧密合作，监督新一代德国装甲车的生产。希特勒指望利用这些所谓的"超级武器"卓越的性能来克服苏军的人数优势。其中包括一种63吨的虎式重型坦克，其威力超越了苏军KV型重型坦克，已经小范围投入使用；49.3吨的豹式坦克是用来对付红军功能强大的T-34中型坦克的；还有一种74.8吨的反坦克装甲车，配以88毫米口径的大炮。这种反坦克装甲车，本来被

苏军坦克兵正在检查T-34坦克状况，为库尔斯克之战作准备。为了训练他们的军队适应个头大得骇人的德军坦克，苏军指挥官们在军事演习中使用了许多T-34坦克。

命名为"大象"，后来改为"费迪南德"来纪念它的设计师费迪南德·波尔舍。他是民间的一位汽车制造商，也是德国大众汽车的创始人。

希特勒的开场白简单概括了东部前线的局势。接着，他引入正题，总结了"堡垒"行动以及莫德尔的意见，并且特别强调了他的担忧。他担心的是如果这次进攻不能足够迅速地突破苏军的防御，德军就无法达到围剿敌人的目的。"从希特勒对莫德尔的意见的转述中，可以清楚地感受到他已经被莫德尔说服了，"古德里安回忆说，"此刻他绝不会依照蔡茨勒的计划下令发动进攻。"

不过，这些将军们也无法达成一致并决定最佳的行动方案。由于莫德尔越级直接向希特勒汇报，陆军元帅冯·克鲁格对此可能比较恼火，他指出，莫德尔夸大了第9军的劣势。克鲁格坚持要求尽快展开进攻，否则，继续拖延只会给敌人更多的时间增强他们的防御。曼施坦因、蔡茨勒和耶顺内克都同意他的这一观点。

古德里安却坚持己见，认为这一进攻毫无意义，应该取消这次行动。他争辩道，即使"堡垒"行动成功了，也会消耗大量的装甲车辆，这将会给接下来的作战计划带来无可挽回的损害，因为他需要重新武装装甲部队。"我们应该将新生产出来的坦克用到西部前线去，"他说，"这样西部前线就有足够的储备来应对盟军的到来。预计盟军登陆的时间肯定是在 1944 年。"

施佩尔和约德尔支持古德里安的观点。施佩尔指出

"黑豹"首战失利

　　1943 年 7 月，草草研制出来的新型豹式坦克被匆忙运往库尔斯克战场，以对抗苏军强大的 T-34 坦克。虽然还存在一系列的问题，但是德军还是对它寄予厚望。最初的豹式坦克存在许多机械上的难题，包括引擎发动失败，导火索驱动失败等。海因茨·古德里安将军不得不请求希特勒延迟行动，等到问题解决之后再开始"堡垒"计划。但是，战斗还是如期打响了。豹式坦克的表现验证了古德里安"为时过早"的担忧。出现故障的豹式坦克从火车头一直排到修理点，还有更多的坦克在战场上就走不动了。许多原本是为轻型坦克设计的配件，因为超出了所能承受的重量和威力而断裂。在开战的第一天，出现机械故障的加上被苏军摧毁的，第 4 军可用的豹式坦克数量从 200 辆下降到 40 辆。

　　虽然库尔斯克之战过后豹式坦克的技术问题很快就解决了，但是由于生产数量的限制，战争格局已经不可逆转了。

V-D 型豹式坦克

　　配备了 75 毫米的高速大炮，并受到对手 T-34 型坦克的启发而在前部设计了配以装甲的陡斜坡，D 型豹式坦克成为纳粹国防军械库中的新秀。其杀伤范围比最新型的 T-34 要大 10 倍。

这些新型武器目前仍然存在许多技术上的缺陷，而且产量也不足。原材料短缺对生产计划也造成影响。比如说，Henschel 坦克生产厂每月只能生产 25 台虎式坦克。而豹式坦克的生产速度更慢，每月只有 12 台。

希特勒听取了所有人的意见，却没有立即做出决策。参加会议的将军们返回驻地后没几天，德军最高统帅部 (OKH) 发出通告：元首决定将"堡垒"行动推迟到 6 月 12 日，这样，武器生产商有更多的时间达到生产目标。而且，Ⅳ

1943 年 7 月 5 日，库尔斯克之战刚开始的时候，德军向苏联部队发射 150 毫米的野战炮。此时，苏军正在别尔哥罗德东部挖掘战壕。

型装甲车和自推式突击炮将配备特殊的保护装置。

　　这个消息刚一到达阵地，一位司令员就表示出不满。他就是沃纳·肯普夫将军。他抱怨说推迟战斗将会打击焦急等待的军队的士气。

　　古德里安也再次试图说服希特勒改变这一决定。这位坦克专家5月10日返回柏林，在德意志官邸参加一个有关新型豹式装甲车的会议。后来，他找机会见到希特勒，请求他再次考虑"堡垒"行动。

"堡垒"行动及其结果

"堡垒"行动是德军试图消灭库尔斯克突出部苏联部队的一个计划，将形成声势浩大的钳形攻势：曼施坦因南方集团军群属下的第4装甲军和肯普夫特遣部队将从别尔哥罗德向北开始进攻；而克鲁格中央集团军群属下的第9军则从奥廖尔向南部进攻。但是，两支部队并没有像计划中的那样在库尔斯克会合，而是遭到苏军的顽强抵抗，徘徊不前：北线进攻被苏军中央方面军拖住，南线进攻则遭到沃罗涅日方面军和草原方面军抵挡。1943年7月13日，即盟军攻打西西里后三天，希特勒放弃了"堡垒"行动，匆忙给意大利方面提供援助。在南部战区，孰赢孰败形势仍然不明朗，但是在北部战区，克鲁格的部队在布良斯克和西部前线苏军的反扑下已经开始撤退。不久，曼施坦因也不得不向后撤退。8月底，苏军重新夺取哈尔科夫，并势不可挡地向西挺进。

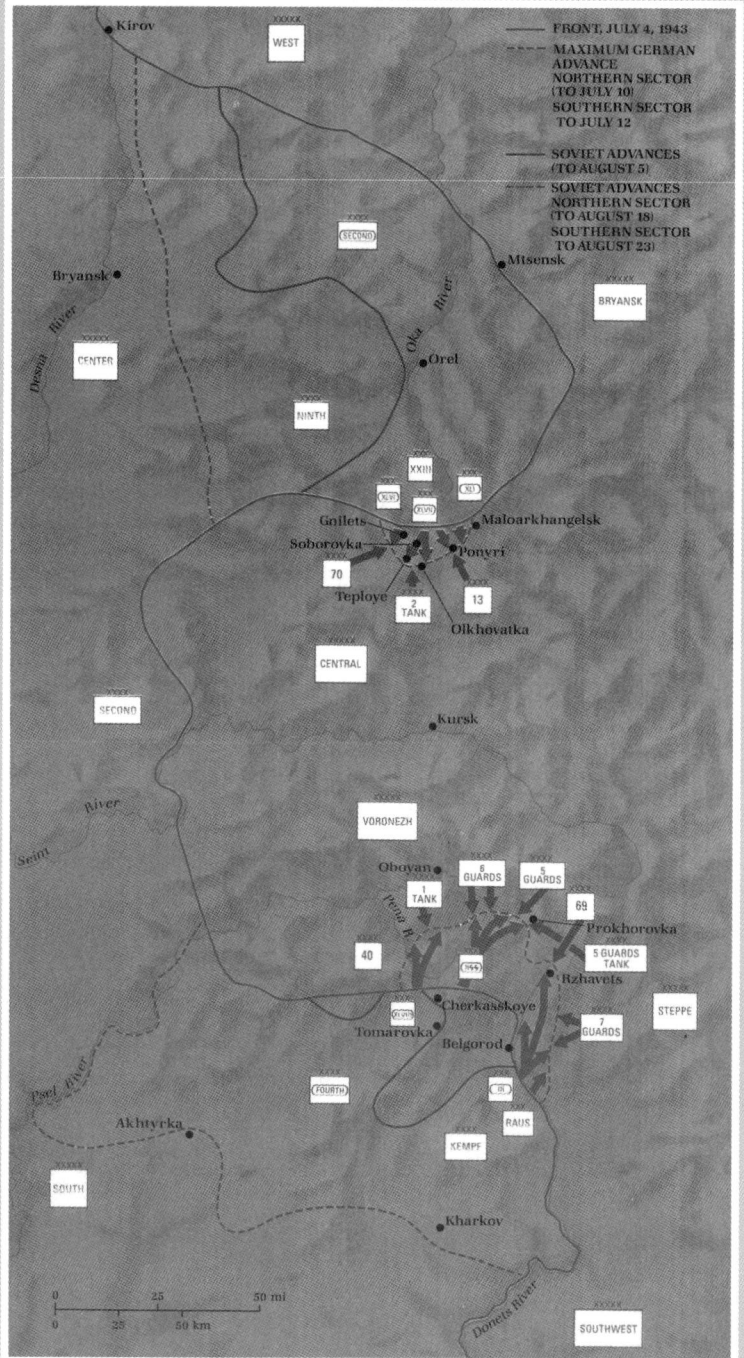

FRONT, JULY 4, 1943
MAXIMUM GERMAN ADVANCE NORTHERN SECTOR (TO JULY 10) SOUTHERN SECTOR TO JULY 12
SOVIET ADVANCES (TO AUGUST 5)
SOVIET ADVANCES NORTHERN SECTOR (TO AUGUST 18) SOUTHERN SECTOR TO AUGUST 23)

"今年您想在东部前线展开进攻，到底是为了什么呢？"他问道。

在希特勒还没来得及回答，陆军元帅威廉·凯特尔，三军统帅部司令打断道："这是出于政治层面的考虑。"

"你知道吗，有多少人甚至不知道库尔斯克在哪里，"古德里安反击，"不论我们是否占领库尔斯克，这都无关紧要。再重复一遍我的问题，到底是为了什么？"

"你说的很对，"希特勒回答说，"我很担心这次行动，甚至每次一想到它就反胃。"

尽管疑虑重重，希特勒仍然固执己见。他决定用新的坦克装备加强装甲师的力量，继续推进这次行动。虽然，目前的局势和 3 月份蔡茨勒提出"堡垒"计划时的局势已经大不相同了。"堡垒"行动也不像以前计划的那样，作为一场针对疲惫失衡的敌人的闪击战，而是变得越来越像一场硬碰硬的实力的较量。

与古德里安的这次令人不安的谈话结束后 3 天，希特勒收到消息说，被包围在突尼斯的 275000 轴心国部队士兵，最后一支部队也投降了盟军。这个坏消息早在几个月以前就已经不是秘密，但直到现在，希特勒才肯面对现实。可以肯定，盟军很快会对意大利或巴尔干半岛发起进攻。虽然克鲁格和曼施坦因坚持认为在 6 月中旬以后的任何时间攻打库尔斯克都是一种非常愚蠢的行为，但是，希特勒却丝毫听不进去，将"堡垒"行动又一次推迟至 6 月底，好看看盟军下一个进攻的目标会是哪里。当他确切地知道盟军的下一个目标就是希腊的时候，他命令最精良的部队第一装甲师从法国火速前往伯罗奔尼撒半岛（希腊南部，即摩里亚半岛）。古德里安对此火冒三丈。

令人沮丧的日子一天天过去，由于延迟而带来的风险让将领们感到不安。霍特一肚子的牢骚，他说，随着时间的流逝，获胜的机会变得越来越小；而莫德尔对未来的预测更加残酷，他认为即将展开的这场战斗将是"两支均已达到最佳状态的军队之间的较量"。由于害怕"堡垒"行动所承担的风险，而且西部战线面临的不确定因素在不断增加，武装部队最高指挥部据理力争，反对这次行动。但是，蔡茨勒及其陆军指挥部总参谋部依然坚持这次计划，并说现在这个时候放弃，只会让德军陷入更糟糕的境地。而希特勒方面，却仍然没有决定何时开始行动。

6月25日，希特勒终于做出决定，"堡垒"行动将于7月5日黎明前开始。随后，他命令曼施坦因飞往布加勒斯特，名义上说是在攻克塞瓦斯托波尔周年庆典上为罗马尼亚领导人扬·安东内斯库授黄金克里米亚战役盾。南方集团军司令员因参加庆典离开了前线，希特勒想借此误导苏军认为并没有什么重大行动会发生。在曼施坦因7月1日离开之前，希特勒将曼施坦因召到他在东普鲁士叫作"狼穴"的司令部。在那里，曼施坦因见到了克鲁格、莫德尔、霍特和肯普夫，这些人被

"堡垒"行动的第一天，受伤的德军在反坦克战壕里面搭建的战地医院里休息。虽然早已做好思想准备，但是苏军抵抗的程度还是超乎他们的想象。德军一位军官这样汇报："没有一处的苏军不是有备而来，也没有任何地方有丝毫的疏忽。"

希特勒召集在一起对具体的作战方案作最后的讨论。

讨论的结果和以前一样，没有任何变化：由鲁道夫·施密特率领实力早已有所削弱的第二装甲军包围库尔斯克突出部的西边边界，而莫德尔率领第9军从奥廖尔向南进军。与此同时，霍特手下的第4装甲军，其右翼部队则由肯普夫的特遣部队负责掩护，从别尔哥罗德向东北方向进攻。两支队伍均朝着库尔斯克方向进军，大约几天以后会合。

曼施坦因和克鲁格率领的集团军目前共有90万名士兵以及三分之二还多的装甲车和机械化步兵师都用在了东部前线，还配备了2700辆坦克和突击炮。另外，将会有1800架飞机支援。此时的德军士气高昂，装备

燃烧的土地

有两架斯图卡式俯冲轰炸机在低空盘旋，仔细查看向库尔斯克前进的党卫队（右图）。为了防止被纳粹空军误袭，德军一个反炮兵小队展示纳粹卐字旗（下图）。

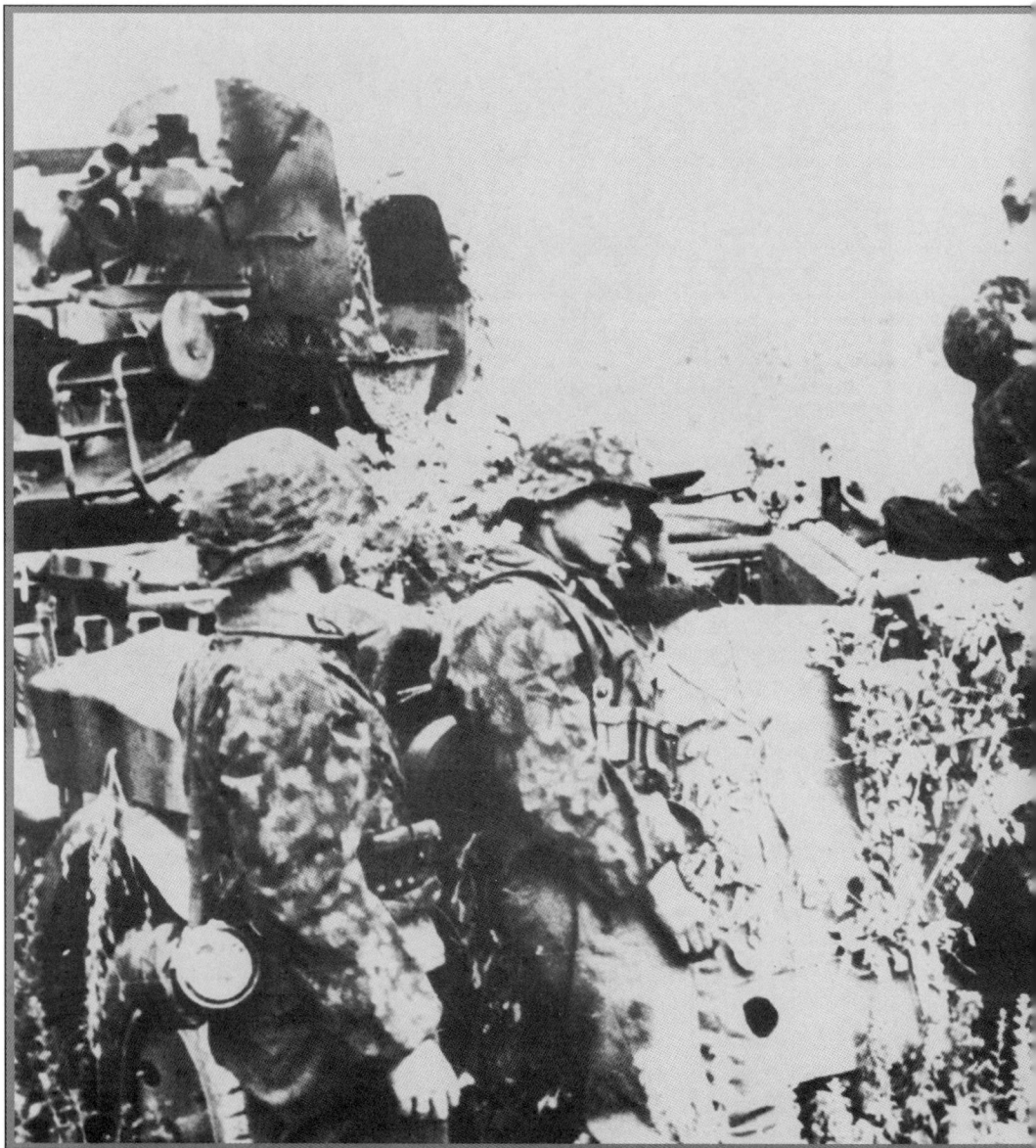

也已经过全面改造升级，这和两年以前希特勒入侵苏联时的实力相当。但是那个时候，整个战线总共有1500英里长，而现在，莫德尔和霍特的战线连起来也不会超过80英里。

等待着德军这一强大阵容的是苏军三个集团军，大约130多万名士兵，3200辆坦克，20000多件炮兵用装置，包括6000架反坦克大炮，900台喀秋莎火箭炮，以及2600多架飞机。罗科索夫斯基的中央方面军仍然坚守着库尔斯克突出部的北半部分，而瓦图京在沃罗涅日方面军守卫着南半部分。他们的背后则是科涅夫的装甲和步兵预备队。

就在希特勒犹豫不决的这几个月当中，红军已经在地下埋下了数不清的地雷，每一块土地都布满了经过伪装的战壕、反坦克沟、防空洞和碉堡，好像一个深不可测的迷宫。每一所农屋，每一处高地，都被充分利用，布满了火焰喷射器、机关枪和迫击炮。前线的防线已经有25英里，后方阵地也深达100英里。希特勒自以为聪明的掩人耳目的做法丝毫不起作用。当曼施坦因从布加勒斯特飞回指挥部的时候，苏军已经预料到进攻可能会在7月3日到7月5日之间的某一时间开始。至于苏

军如何探听到这一消息的，至今仍然不得而知。但是可以肯定的是，苏军的消息来自一个已渗透至德军最高统帅部的特别间谍网络，直接深入德军统帅部。这个神秘的间谍网络——其实更像个情报团伙——代号"维特"，取自歌德作品中的一个悲剧人物的名字。他们在匈牙利共产党员亚历山大·雷多和德国流亡人士鲁道夫·罗斯勒的配合下，通过瑞典的一个间谍中心传递情报。

苏军充分的准备迫使曼施坦因不得不提前半天在南部打响战斗。几个星期以前，瓦图京就将其前线向后撤退了5、6英里，躲在了一片山脊的后面，远离德军地面侦察部队的视线。所以，从德军的空中侦察照片很难知道苏军的真正实力。在主攻开始之前，德军必须先拿下这些山头。

7月3日到4日的夜里，在夜幕的掩护下，德军工兵小组开始悄悄地行动了，使用长长的金属探头探测地雷。一个10人工兵小组从通过山脚下巴特沃城的地方挖出了不少于2700枚地雷。苏军发射了信号弹，等待迎接黎明时分的战斗。但是，整个早晨静悄悄的，没有什么动静发生。

天气又湿又热，下午的时候，下了一会儿雷阵雨。不久，天放晴了。下午2点50分，空军第8团的一群斯图卡式俯冲轰炸机呼啸而来，扔下了2500枚炸弹，把通向山头的路炸得粉碎。10分钟过后，德军炮兵部队接踵而来，苏军开始反击。"苏军炮弹把我们周围的土地全部犁过一遍，"一位虎式坦克坦克手回忆说，"狡猾的伊凡几个星期以前藏而不露，可是现在，整个战场变成了火的海洋。而我们正向它冲去。在一次正面交锋中，英勇的军马坦克曾经有4次摇摇欲坠，但最终也没有倒下。这得感谢我们坚固的克虏伯钢铁。"

经过两个小时的战斗，霍特完成了他的使命，占领了这些山头。夜幕降临的时候，陆军通信兵在驻扎在各山头的炮兵部队之间搭建了电话线。炮兵侦察队开始向前方的苏军防线展开直攻。

曼施坦因终于有了新的进攻前线。他将司令部从扎波罗热转移到紧挨着德军前线的一辆有轨电车上。考虑到苏军防线的深度，他命令霍特和肯普夫利用装甲部队作为先锋，而不是用惯用的打法，以步兵部队作为领头兵。这场战斗没有什么"开场白"，1000多辆坦克和300架突击炮一起上，先攻下苏军最前面的防御，然后继续快速挺进，在开阔的乡野地区与苏军主要防御系统之外的储备军交战。德军部队呈楔形排列：由装甲坚厚的虎式坦克开道；豹式坦克和Ⅳ型坦克紧随其后，呈扇形散开；然后是配备有自动武器和掷弹兵的手榴弹部队；最后是乘坐履带式运兵车的迫击炮队伍。

第二天，即7月5日凌晨3点半，德军开始行动，一枚枚炸弹投向苏军阵地。接下来的45分钟里，所消耗的炸弹比德军在波兰、法国闪电战中所用掉的还要多。

曼施坦因将火力集中在一个大约30英里宽的地区，

位于别尔哥罗德以西和托马罗夫卡一片甜菜种植园以北。奥拓·冯·克诺伯斯多夫将军率领 XLⅧ装甲团（由经验丰富的第3、第11装甲师和大德意志掷弹兵师组成）从城的西北方向进攻，而保罗·豪塞尔将军率领党卫队第2装甲军［由167步兵师和三支精英党卫队装甲师（"阿道夫·希特勒警卫旗队"装甲师）、骷髅装甲师和帝国装甲师组成］从东北方向进攻。与此同时，尤金·奥托将军带领 LⅡ步兵团从左侧逼近，而在右侧，肯普夫的特遣部队在别尔哥罗德以南越过顿涅茨，向北朝着扎维茨进军。

就在德军南方集团军群启程后不久，苏军却先发制人，向Ⅷ空军团发起攻击。数以百计的苏联雅克、拉沃契基 L-5、皮里亚科夫 P-2 和新型Ⅱ2斯特尔莫维克等型号的战斗机在10000英尺的高空向坐落在别尔哥罗德和哈尔科夫的16座德军机场驶去。德国空军的雷达（被称为"弗雷娅"，这个名字取自挪威司爱与美的女神），在苏军飞机尚在60英里之外时就探测到了它们的动向，于是，德军战斗机呼啸着去迎战。梅塞施米特式战斗机给了苏军有力的一击，但还不足以致命。

一场倾盆大雨使 XLⅧ装甲兵团所在地区河流泛滥，原本干涸的溪谷变成了沼泽地，无法通行。被困在泥泞中的大德意志师，遭到苏军大炮的直接轰炸，经历了它的第一次挫败。在它的右边，党卫队第2装甲军也面临第6近卫军的猛烈攻击，终于在空军增援部队，特别是

中央集团军第 9 军指挥官沃尔特·莫德尔将军，在库尔斯克以北 80 英里处的奥廖尔附近向他的两名下属下达指示。战役刚打响的那天，莫德尔的军队攻破了苏军的第一道防线，但是只前进 12 英里后就在 7 月 12 日停滞不前。

配备了两支 37 毫米大炮的斯图卡式俯冲轰炸机的紧密配合下，突破了防卫。

7 月 5 日黄昏时分，霍特的两队人马已经攻入苏军防线 5、6 英里的地方，并占领了一个叫科罗维诺的村庄，这里是苏军防线的最西面。但是，别尔哥罗德南部右翼部队遇到了麻烦。由于没有空军部队的掩护（原因很简单，纳粹空军没有足够的飞机），肯普夫特遣部队根本无法开战。虽然肯普夫的第 3 装甲团和劳斯的临时兵团已经尽力守卫顿涅茨河上的一个小桥头堡，但是，他们俩都无法闯过顿涅茨河与别尔哥罗德—库尔斯克公路之

间的防御工事。而且，双方都受到苏联空军以及米哈伊尔·舒米洛夫率领的第 7 近卫军的攻击，伤亡惨重。

第二天，即 7 月 6 日，霍特面临的情势有所改善。经过一场火光漫天的混战，XLVIII 装甲团攻克了第 6 近卫军的防线，同时，党卫队第 2 装甲军也击退了苏军第 1 坦克军。德军的楔形部队穿过别尔哥罗德－库尔斯克公路，朝着普罗霍洛夫卡方向深入苏军防线大约 12 英里。这样一来，苏军被割裂为两个部分。在霍特的右侧，肯普夫的部队最终突破了他们在顿涅茨河的桥头堡，开始朝扎维茨方向向北进发。

对于霍特主力先锋的进攻目标，瓦图京确信自己的判断。他认为霍特的装甲部队将直接向北进攻，直至奥博扬，跨过普塞尔河——这是库尔斯克最后一道天然屏障。事实上，霍特从统帅部接到的指示正是如此，与瓦图京的判断完全一致。但是，德国空军发回的侦察图片显示，米哈伊尔·卡图科夫将军手下的苏军第一坦克军正在封锁路线，而伊万科涅夫将军率领装甲储备军正潜伏在普罗霍洛夫卡村庄的东边。霍特担心过普塞尔河时会遭遇这两支部队的反击，于是，这位身经百战的司令员改变了计划。"在向北突袭库尔斯克之前，我们最好先除掉驻扎在普罗霍洛夫卡的敌军。"他对他的下属们说道。

霍特派遣豪塞尔率领党卫队第 2 装甲军向东北方向前进，围堵科涅夫的后备军。同时，克诺伯斯多夫将带领 XLVIII 装甲军的主力前往奥博扬。过了普塞尔河之后，克

在库尔斯克之战中，德军士兵们趴在反坦克壕沟的墙壁上，燃烧的炸弹在身边呼啸，尸体和丢弃的武器遍地都是。

诺伯斯多夫再将部队向东转移支持豪塞尔，而肯普夫特遣部队将掩护其侧翼，拖住沃罗涅日方面军最南端的部队。

德军已经深入到别尔哥罗德以北地区，红军最高指挥部的战略指挥家们吓坏了，开始调用储备军来支援瓦图京的沃罗涅日方面军。瓦图京向他手下的将领们传达了一道紧急命令："绝对不能让德军打到奥博扬！"7月7日晚，瓦图京的作战委员会成员，尼基塔·赫鲁晓夫在卡图科夫的第一坦克军司令部直陈道："要么我们守住，要么德国人拿下库尔斯克。德国人已经孤注一掷，把一切都压在这

7月12日，燃烧的坦克和被击落的飞机冒着浓烟，此时，豪塞尔率领党卫队第2装甲军，使用IV型装甲车与位于普罗霍洛夫卡附近的苏军近卫坦克第5军交战。普罗霍洛夫卡在别尔哥罗德以北大约30英里处。

张牌上了，对于他们而言，现在是生死攸关的时刻，而我们必须在这里紧紧掐住他们的脖子，不让他们喘过气来。"

与此同时，在100英里外的地方，莫德尔将军手下的第9军，德军在北部区域的主力军，进展也不太顺利。7月4日，在北部前线战斗打响以前，莫德尔的对手罗科索夫斯基将军就先有了点小小的运气。苏军巡逻兵偷袭了德军的一个清雷小组，打死了几名士兵，并俘虏了一名下士。这个俘虏透露说德军计划在凌晨3点30分开始炮轰，紧接着发起主攻。

地狱之音

在库尔斯克，苏军的反坦克进攻大炮出现在党卫队大德意志装甲师一位指挥官的望远镜中（下图）。坦克里的士兵在车身上涂上了明显的标志；而大德意志师自己的坦克则用古代北欧文字组成的标志来识别（右）。

据希特勒某装甲师一位虎式坦克炮手说，从坦克里面听库尔斯克之战是一场"地狱之歌演奏会"。一辆装甲车由5个人组成——指挥官、无线电通讯员、坦克手、发射手和炮弹装载员——遭到苏军火力的猛烈进攻，耳朵都被坦克的发动机震聋了，对坦克外面发生的一切一无所知，除非用望远镜或是通过小小的舱口才能看到一点东西。然而，战士们仍然蜷缩在这些金属制造的庞然大物里面，坚持完成复杂精细的炮击。

一旦通过望远镜或5个水平观测仪发现了目标，坐在塔楼的指挥员会通过对讲机对机舱里的坦克手下达命令。坐在坦克手对面的无线电通讯员转过身负责机关枪。接到指挥员的命令后，坐在塔楼里的装载员从最近的弹药柜里拿出一枚炸弹，猛力将它推入88毫米的坦克炮筒，并盖上后盖。在目标范围之内，坦克手暂时停止开动。发射手利用塔楼内的控制器小心翼翼地瞄准目标，一接到上司的命令就立即发射。

战士们对每一环节都了如指掌，他们甚至在接到命令以前就做好了准备。然而，这些技巧在库尔斯克却没有给他们带来胜利。他们遇到了无法控制的麻烦：坦克车被困在泥泞的沼泽地中；苏军埋下的大量的地雷炸毁了坦克的履带；大量灵巧的T-34型坦克更是让苏军的防线游刃有余。"老虎"遇到了势均力敌的对手，于是，希特勒的进攻也就到此为止了。

虎式坦克的指挥员通过塔楼舱口观察战场情形。由于外面十分嘈杂，再加上坦克引擎发出的噪音，他需要通过对讲机和他的小组成员通话。

坦克手（下图）的视力范围只局限于通过望远镜或是方向盘上方的一小块地方所能看到的东西。他依赖指挥员给他的指示来操作坦克。

一位装载员（右）手持一枚88毫米的炮弹。有一个坦克手描述说，将一枚炸弹放入炮筒之后，就会"送它上路，并给它祝福"。

利用身后的望远镜，从他的指挥员那里得到命令后，发射手瞄准目标并发射炮弹。

一位无线电通讯员（下）在调整装置。作为重要的通讯连接员，他需要和指挥官和其他的坦克收发讯息。

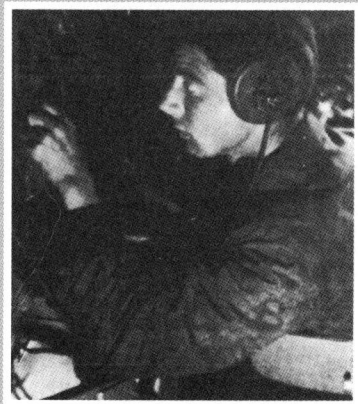

他的话可信吗？罗科索夫斯基有点疑虑地向他的上司朱可夫将军征求意见。当时，朱可夫碰巧在中央方面军司令部。虽然红军自成立之日起，就以粉碎敌军部队为宗旨，但是，他们两人都有过惨痛的教训，如果未经斯大林的批准就贸然行事的话，其后果将会是断送他们的前途。但是，朱可夫仍告诉罗科索夫斯基尽管去做，他自己将会给斯大林解释清楚。于是，凌晨1点10分，罗科索夫斯基下令向德军的集结区域与进路开火。

库尔斯克以北，在德军以奥廖尔为中心的突出部阵地，苏军全然忘记了周围的尸体，冲过德军的一片阵地。这片阵地在苏军的反扑中惨遭炮轰。

第 9 军的将领们有点慌张，这场发生在夜间的不期而至的炮轰好像是苏军开始进攻的序曲。虽然事实并非如此，但是所造成的假象足以打乱莫德尔原来的时间表。原定于凌晨 3：30 的炮轰如期进行，但是地面战斗却推迟了 1 个半到 2 个小时。天还没亮，德军就向前挺进攻打苏军第 13 军，正是这支军队封锁了通往库尔斯克的主干道。

与曼施坦因不同的是，莫德尔选择了不同的策略。首先由其装甲兵团下面的步兵师开战。在他的 6 个装甲师和一个掷弹兵师中，他只选择了第 20 装甲师参与第一回合的战斗。他打算先利用前锋部队攻下一个突破

在奥廖尔附近的阵地，一具苏联士兵烧焦的尸体躺在那里，身边是被炸毁的坦克炮塔。

口，然后再让其他的部队上场。

莫德尔的第一个目标是位于奥克霍沃特卡的高地，深入库尔斯克突出部大约 10 英里。这些山脉，从东部的波内里绵延 15 英里到达西部的莫罗第奇，矗立在俄罗斯中部山脉的中部。连绵的山脉由奥廖尔至别尔哥罗德、从北到南横穿库尔斯克突出部。如果第 9 军能够控制这些山脉的话，莫德尔将会轻而易举地占领库尔斯克。

凌晨 5 点刚过，德军就开始进攻东至马洛尔科汉杰斯克，西至初斯纳长达 35 英里的战线。XLⅦ装甲团瞄准了从奥廖尔到库尔斯克的公路和铁路线，朝着基尼莱茨和博布里克两个村庄进军。它的西侧是 XLⅥ装甲团，

苏联士兵押着一个德军俘虏穿过奥廖尔附近的村庄。8 月 5 日，约瑟夫·斯大林宣布红军已经完全控制了奥廖尔和别尔哥罗德。"我谨向所有参加这次战斗的军队表示感谢，"他声明，"为国家自由而战的烈士们永垂不朽。"

东侧是 XLI 装甲团和 XXⅡ 步兵团。

过了一天的时间，前线的消息传来。一种浮躁不安的情绪再度升起。虽然德军一直在往南推进，但是这种推进非常之缓慢，而且代价相当昂贵。敌军顽强的抵抗证实了莫德尔原来曾经预见的所有的担忧。苏军的防线几乎滴水不漏，他们的战壕仿佛没有尽头，吞没了德军的部队。夜幕降临了，但是德军大部分仍然还在苏军的第一层防御带上。

7月6日，莫德尔决定动用更多的装甲师。查看了地形图以后，他把目标定在阵线的中心地带，基尼莱茨的北部。在这里，XLVⅡ 装甲团已经牢牢地占据了苏军防线上的一个突破口。他派出第2、第9和第18装甲师，继续保留第4、第12装甲师和第10掷弹兵师作为后备军。莫德尔以前所指挥过的任何一次战役，不论形势如何危急，总是会有充足的备用装甲车，而这一次却没有那么多。天黑时，XLVⅡ 装甲团前进不足6英里，而且，其左翼已经暴露。马洛尔科汉杰斯克方面，苏联第13军相当顽强，XXⅢ 步兵团难以突破其防线。

这场战役的头两天，第9军折损了10000多人，还有大约200辆坦克和自行火炮。罗科索夫斯基的苏军仍在增加战壕的深度，另外，其储备军正源源不断地从东面前来增援，在这种形势下，莫德尔要求蔡茨勒立即增援10万枚炸弹。7月8日，他动用了最后一支装甲储备军，即第4装甲师。这支部队成功地逼近一个叫特普洛伊的村庄，在奥克霍沃特卡以西几英里的地方。但是也无法继续向前了。德苏两军在这片山地上决一雌雄，血战了3天，莫德尔称之为"轰轰烈烈的消耗战"。

7月10日至11日的夜里，莫德尔派出他最后一支机械化步兵部队储备军——第10掷弹兵师，试图打破山脊东部波内里村庄附近的僵局。波内里是奥廖尔——库尔斯克铁路沿线的一个小村庄。但是事与愿违，莫德尔未能成功。虽然顽强奋战，但饱受打击，已经弹精竭虑的第9军仍然没有攻下奥克霍沃特卡山。

现在，南方集团军群的战局情况将决定"堡垒"计划的最终走向。前几天当中，霍特的第4装甲军战绩斐然。XLⅧ装甲团的主力部队，包括第11装甲师和大德意志师分别沿着别尔哥罗德——库尔斯克公路的两边向奥博扬前进。7月10日，两支军队在一处高地会合，在那里，可以俯瞰普塞尔河谷，也可以看到远处奥博扬的建筑。第二天，也就是7月11日，党卫队第2装甲军骷髅师夺得了普塞尔河上普罗霍洛夫卡往西3英里处的一个桥头堡。与此同时，警卫旗队师和大德意志师车轮滚滚向东朝着普罗霍洛夫卡方向前进，在途中歼灭了苏联第5近卫军，而且将其第1坦克军和第2近卫军打得仓皇逃窜。

霍特的队伍经过连续8天的奋战，士兵已十分疲惫，而且弹药也快打光，还有许多机械装备亟待维修。不过，此刻战局看上去还是向好发展的。曼施坦因预料苏军可能还会在库尔斯克做最后的挣扎，于是，他将其储备军ⅩⅩⅣ装甲团（由第 23 装甲师和党卫队维京师组成）调遣至别尔哥罗德外的一块阵地。

但是，德军远远低估了红军后备军的数量。早在几天前，斯大林就命令草原方面军由帕维尔·罗特米斯特洛夫统率的近卫坦克第 5 军向普罗霍洛夫卡东北部的营地紧急行军。7 月 11 日傍晚，罗特米斯特洛夫的部队完成了 225 英里的行程，整兵待发，准备对霍特的党卫队进行反攻。

第二天早晨，即 7 月 12 日，德军开始继续挺进。他们本以为只会遭遇一些行动缓慢的 KV 重型坦克、固定位置的装甲防御和普罗霍洛夫卡城外山上的一些反坦克炮。事实却恰恰相反：霍特的 600 辆坦克，包括 100 辆虎式坦克早已疲惫不堪，与罗特米斯特洛夫精力充沛的坦克军团撞了个正着。他们共有 850 辆，几乎全都是功能强大的 T-34 型坦克。

一位装甲车军官这样回忆当时的情形："我们发现敌人的装甲车好像用不完似的。天空乌云密布，很难向空军发出求救信号。很快，这些 T-34 型坦克冲破了我们的掩护，像老虎一样在战场上肆虐。"

整整 8 个小时，疯狂的战斗让人感到窒息。近战是 T-34 型坦克的优势所在，它们移动灵巧，穿梭于德军的队伍之间，将重型虎式坦克从豹式坦克和Ⅳ型坦克中隔开，并在很近的距离之内摧毁它们。整个战场像地狱一样可怕，到处都是报废了的或是燃烧着的武器。头顶上方，双方的地面支持战机竭尽全力才能分清敌我，而这些战斗机也正打得不可开交。这场战斗以双方打个平手告终，各自损失了300多辆坦克。

霍特于当天下午亲自抵达前线，来到大德意志师的前沿阵地上，他将第4装甲军司令部的总参谋长紧急召回："你有没有肯普夫的消息？他的第3装甲团在哪里？"

消息很快传来。肯普夫目前正在顿涅茨河东边的扎维茨，离这里只有12英里，将于第二天率领整支队伍前来，带着大约300辆坦克和突击炮。这对于霍特来说可是举足轻重。

不过，肯普夫永远无法按计划完成此次救援了。在普罗霍洛夫卡展开那场壮观的坦克战的同时，一场灾难也降临在北部战区中央集团军的头上。莫德尔的军队被围困在奥克霍沃特卡外面，苏军方面军和布良斯克方面军从奥廖尔突出部的北部边界呼啸而来，攻打为莫德尔断后的第二装甲军。此时，这支军队锐力已经大减。于是，第9军突然之间不得不转攻为守，使得德军的这次行动在北部失去了一个举足轻重的砝码。

肯普夫在7月13日赶到硝烟弥漫的普罗霍洛夫卡科，可是为时晚矣。就在这一天，希特勒在东普鲁士"狼穴"召见曼施坦因和克鲁格，告诉他们一些更糟的消息。盟军已于3天前在西西里登陆，希特勒再也没有心思关心其他的事。"堡垒"行动的前景仍不明朗，所以，他决定放弃这边的进攻,好去增援意大利和西巴尔干方面。

曼施坦因对此暴跳如雷。他认为目前的形势正处于一个转折点,相比较库尔斯克来说,西西里将要面临的危机根本不算什么。虽然中央集团军已经没有什么战斗力,但是,南方集团军在与苏联储备军的殊死搏斗中仍处于上风。如果能把敌人的储备军消灭的话,那么,曼施坦因就有可能在战线的其他地方预先做好反击的准备,以赢得宝贵的时间。所以,曼施坦因强烈要求希特勒命令第9军在北部前线尽可能拖住苏军部队,以求南线可以完成既定作战目标。曼施坦因手下有一位将军恰如其分地总结了当时的情形:"我们好像是揪住了狼的耳朵一样,不敢放它走。"

但是,克鲁格却很不合作。他坚持认为第9军应该撤回到原来的地方。曼施坦因从希特勒那里所能得到的答复是继续独自抗敌。几天以后,希特勒又改了主意。他命令曼施坦因将大德意志师调入中央集团军,而将党卫队第2装甲军撤出前线。他想让这些受过政治思想教育的党卫队装甲兵团的将士们前往意大利支持摇摇欲坠的意大利军队。

曼施坦因知道,只依靠自身薄弱的力量根本守不住他们在库尔斯克中已经占领的地盘。于是,他命令军队撤退到别尔哥罗德附近。这次的失败导致德军20000到30000名士兵伤亡,还损失了成百上千的大炮、飞机和卡车。所有这些都是难以弥补的创伤。虽然苏军未曾披露过具体的损失，但是相对德军来说，应该是有过之而无不及。

"堡垒"行动一而再再而三的推迟，使得希特勒没有充裕的时间来发现他那些超级武器设计上的缺陷，而不容许片刻疏忽的战场环境也不是好的试验场地。"费迪南德"自推式突击炮简直就是一个彻底的失败。其命中率非常低，而且88毫米的大炮根本就不适合近距离射击。那些没出现机械故障的大炮也都被苏军的炮兵摧毁了。古德里安在他的汇报中提及不幸的"费迪南德"："一冲破敌人的步兵营，本来应该开枪射击。但是，它们却没有设法去压制敌人的来复枪和大炮。所以，步兵队伍根本无法跟在后面。当它们一到达苏军炮兵队伍的时候，就玩完了。"

豹式坦克的表现也不尽人意。由于履带较窄而陷入泥泞当中，而对此没有什么经验的坦克兵费了九牛二虎之力才把它们从泥泞中弄出来。还有一种武器"大黄蜂"反坦克突击炮，曾被大肆鼓吹过，却由于缺乏足够的撑架甚至无法派上用场。

斯大林乘胜追击。7月17日，苏军西南及南方方面军跨过米乌斯河，沿着亚速海北海岸线向斯大林诺（现称顿涅茨克）和塔甘罗格（苏联西南部港市）进发，试图切断位于曼施坦因南翼的由陆军元帅埃瓦尔德·冯·克莱斯特率领的A集团军。于是，曼施坦因派遣其储备军至南部以支援克莱斯特，可是自己却陷入困境。

他的兵力已经相当薄弱，难以抵挡瓦图京将军指挥的沃罗涅日方面军。而中央集团军此时被迫朝斯摩棱斯克（苏联西部城市，在第聂伯河上游）方向撤退，所以，克鲁格对曼施坦因也爱莫能助。对德军而言，这场战争变成了一次令人绝望的自卫防御战，面对比自己强大得多的敌人，不得不临时采取很多紧急措施，拆了东墙补西墙。

8月3日，瓦图京动用了整整5个军的兵力，对位于别尔哥罗德北边的曼施坦因方面军发起两面夹击。苏军的这次进攻足以证明其后备力量的充裕，因为，苏军在库尔斯克之战中损失非常惨重，而现在距离库尔斯克之战仅仅3个星期的时间。红军声称目前拥有的精良大炮和坦克是德军的4倍。除了众多的步兵师以外，还有两支坦克军穿插于霍特的第4装甲军和肯普夫的特遣队之间，直抵德军防线深处。曼施坦因能够调用的储备军远远不够，不得不放弃别尔哥罗德。

来自北边的消息也不妙。苏军团团包围了目前受莫德尔指挥的第2装甲军。而希特勒被意大利危机搅昏了头，答应莫德尔对苏军的进攻可采取"弹性防守"，也就是说，如果有必要的话，莫德尔可以自行决定放弃奥廖尔，撤退到杰斯纳河以外。于是，莫德尔当即命令第2装甲军和第9军两支部队同时撤退到"哈根防线"之后。"哈根防线"由一系列防御工事组成，跨越奥廖尔的脖颈，守卫着交通重镇布良斯克。布良斯克是中央集团军后方南北、东西铁路交会的地方。

斯大林感觉到目前大局已经有了决定性的扭转。8月5日晚，他下令在莫斯科发射礼炮，庆祝别尔哥罗德和奥廖尔重新回到苏联手中，而且越来越有希望获得更大的胜利，将德国南方集团军从第聂伯河赶到亚速海，然后在那里将他们歼灭。如果真能实现的话，希特勒将会失去他最为珍视的战利品——拥有丰富的自然资源的乌克兰。

8月的第二个星期，苏军从库尔斯克西南部德军防线上一个34英里宽的缺口蜂拥而入，再一次发起进攻，以收复哈尔科夫。这个缺口正好位于霍特的第4装甲军和肯普夫的特遣部队之间。德军试图守住这座城市，但是他们的努力失败了，不得不撤退，向西建立起一道防线。德军曾经为了占领这座城市付出了惨重的代价。

但是，希特勒害怕哈尔科夫失陷会影响德国在政治同盟中的地位。于是，他命令曼施坦因要不惜一切代价守住哈尔科夫。在希特勒的指挥下，曼施坦因将艾哈德·劳斯将军手下的部队调至哈尔科夫。劳斯是奥地利人，是一位经验丰富的坦克战指挥官。但是几个星期的连续作战，他的队伍几乎到了崩溃的边缘。曼施坦因派遣第3装甲师转移到劳斯的左翼，以支援劳斯的4个师以及第4装甲军的部分军队。但是，西北方面，瓦图京的部队正畅通无阻地通过德军防线的缺口，意图与科涅夫草原方面军会合，联手包围哈尔科夫。

如果说这座乌克兰城市还有什么值得德军为之而战

的话，那么，除了希特勒的自尊心外，还有德军囤积在那里的大量的战争储备。这些储备是为南方集团军准备的，足够用三个月，大到军火弹药、机械零备件，小到一箱箱的雪茄和上等法国白兰地，应有尽有。

最具戏剧性的事情发生在一次大撤退途中，德军将哈尔科夫储备的供给运往肯普夫的特遣部队，即后来的第8军。哈尔科夫城里城外所有的东西都搬空了，只剩下一坛坛的俄罗斯伏特加。对来到这里的苏联士兵来说，伏特加的诱惑力实在是太大了。果真，这些酒为穷途末路的曼施坦因部队赢得了宝贵的48小时，让他有充足的时间将党卫队维京师调过来掩护劳斯的北侧，为守卫哈尔科夫争取了几天的时间。

最终，曼施坦因做出了一个不得已的决定。"我可不想为了一个可能的、政治上的考虑而牺牲掉整整6个师。"他没有服从希特勒，而是命令劳斯撤退。但是，在苏军于8月23日重新夺得哈尔科夫之前，劳斯也让他们付出了血的代价。

希特勒无奈地接受了曼施坦因撤退的决定，因为他认为身为陆军元帅的曼施坦因才华横溢，想把东部前线的军事控制权交给他。而就曼施坦因本人来说，他意识到斯大林的目标绝不仅仅是哈尔科夫这座曾经辉煌一时的城市。目前，差不多所有的南方集团军和克莱斯特的A集团军都已遭到重创。为得以生存，这两支部队必须撤退到下一防线——第聂伯河。

接下来的几个星期，曼施坦因发动了一系列小规模的反攻来试探苏军，以获得喘息的机会，做一些撤退之前的准备。但是等到他们准备好的时候，已经太晚了，根本无法抵挡苏军洪水般的进攻。"堡垒"行动惨遭失败，接下来哈尔科夫失守，这都预示了德军将要向西开始一场长时间的大撤退，恐怕要一直撤到柏林去了。

2. 陨落的星辰

1943 年的夏末，闷热而潮湿。德军东部前线的将领们面临着两个走向胜利的障碍。其中之一当然是数量日益增多、军备日益精良的苏联军队。另外一个则是德军自身的原因，也可以说是来自内部的困扰，那就是阿道夫·希特勒本人。

虽然德军的数量有所减少，但是，纳粹国防军的将帅们仍然有信心打败敌人或是至少与他们打个平手——只要希特勒能够允许他们有一定的自主权。但是不幸的是，那些能够用来阻挠苏军的战术和策略——在适当的时候进行撤退，削短战线，铲除一些力量较为薄弱的突出部，尽量避免被包围——恰恰是希特勒注定不允许的。

"希特勒总是要求我们为每一寸土地而战，不服从的话，就以军法论处，"XL 装甲团的司令员西格弗里德·亨里希说，"没有他的命令，任何人都不可以撤退——甚至是小规模的撤退也不可以。我们的军队就这样一次又一次地陷入极难的境地，直到被包围，被俘虏。"希特勒如此牢固地控制着军队的一举一动，亨里希声言，以至于"一个营长要把哨兵从窗口调到门口都战战兢兢的"。

由于希特勒的固执而带来的损失让德军元气大伤，

在仍冒着烟的克列缅丘格城，一座华丽的东正教教堂吸引了德军的注意。它逃脱了 1943 年 8 月南方集团军从乌克兰撤退时希特勒所下达的"焦土"政策。

与苏军部队人数上的悬殊，使得德军根本不可能赢得这场战争。在芬兰海湾和亚速海之间的 1200 英里长的东部前线上，很多德军部队面临的是苏军势不可挡的兵力。在北部，陆军元帅乔治·冯·屈希勒尔北方集团军仍在围攻列宁格勒，进展甚微。而在南部，陆军元帅京特·汉斯·冯·克鲁格手下的中央集团军和陆军元帅埃里希·冯·曼施坦因统率的南方集团军，所面对的是苏军蓄势待发的 8 支部队，加起来共有 380 万士兵，4000 辆坦克，70000 门大炮，3750 架飞机。经过"堡垒"行动的惨败以及苏军在夏季发起的进攻之后，德军的前线作战部队只剩下大约 124 万名士兵，2400 辆坦克和自行火炮，12600 门大炮和 2000 架飞机。

从 1942 年 11 月到现在，德军东部前线部队作战单位的总体数量并未有大的改变，但是许多部队的实力下降了，其中一些战斗力大大削弱。而且，从国内征募的新兵，其战斗力也不及那些身经百战的老兵们。这些老兵们曾经成功地攻破红军的防线，令红军节节败退，一直到列宁格勒、莫斯科、斯大林格勒。德军的勇猛创造了一个新的词汇"Krisenfestigkeit"，意思是"抵御危机的能力"。德军最勇猛的部队被授予"Krisenfest"的称号，意为"在紧急关头保持冷静，行动迅速"。而现在，能够做到这一点，无愧于这个称号的部队越来越少了。

德军一些由经验丰富的老兵组成的部队，在这一次

陆军元帅埃里希·冯·曼施坦因，南方集团军的司令员，于1943年9月8日在他位于扎波罗热的司令部和希特勒会面。几个星期的时间里，曼施坦因与顽固的希特勒讨论了多次相关战略，最后勉强得到希特勒的同意，向第聂伯河撤退。

的战争中继续有出色表现，使得德军仍有实力利用其良好的应变能力和指挥能力克服苏军数量上的优势。但是到了1943年的夏末，只有优秀的领兵能力已经远远不够了。面对强大的苏军，德军已濒临崩溃的极限，特别是陆军元帅冯·曼施坦因手下的南方集团军，即将面临苏军一场大规模的进攻。

8月份从哈尔科夫撤出后，曼施坦因成功地阻挡了苏军向波尔塔瓦（苏联乌克兰东部城市），即西南方向的突破。虽然如此，他仍然没有脱离危险的境地。曼施坦因手下的第4装甲军面对的是苏军沃罗涅日方面军，共有三支整装待命的军队和一支后备军，均由尼古拉·瓦图京将军负责指挥，其高超的战略技巧并不在曼施坦因之下。同样危急的是，曼施坦因大军中的第8军此时正与伊万科涅夫将军的草原方面军的6支部队相对峙。

陆军总司令部（OKH）命令曼施坦因一定要牢牢

地坚守住顿涅茨盆地。曼施坦因给在东普鲁士"狼穴"的希特勒写信，他一如既往地直言不讳，称只有大量增援才有可能保住这个地方。"而且，我要求有自主调遣部队的权利。"曼施坦因加上了一句。但是希特勒却固执地将"自主调遣部队的权利"理解成"放弃阵地的自由"。而这恰恰是他所不能接受的。于是，他打电话给曼施坦因："不要轻举妄动，我会亲自赶来。"

两人于8月27日在乌克兰的文尼察（乌克兰中西部城市）会晤，这里曾经是希特勒辉煌时期的战地司令部，周围的森林在那个夏天又密又热。此时的希特勒闷闷不乐，暴躁多疑。这座城市距离第聂伯河西岸只有75英里，一度是个十分安全的地方，现在居然也是苏军进攻的目标。一想到这，希特勒本来就很坏的心情，更如雪上加霜。

曼施坦因向希特勒指出，南方集团军在过去的几个月中损失近133000人，仅补充33000人。然后，希特勒又让卡尔·霍利特上将把德苏两军的实力进行了比较。卡尔·霍利特在东部前线上多个关键地区负责指挥。霍利特描述了他负责指挥的第6军所面临的局势：第6军的实力已经有所下降，现正与苏军费多尔·托尔布欣将军的南方方面军对峙。ⅩⅩⅠⅩ兵团共有8706人，而所要面对的敌军估计有69000人；ⅩⅦ兵团有9284人，面对的苏军有49500人；Ⅳ兵团相对来说是情形最好的，也只有13143人，苏军有18000人。在武器装备方面，

苏军军官正在观察战斗的情势。此时，苏军部队正在与驻扎在亚速海和黑海之间的库班半岛上的17军交战。当苏军在1943年9月将德军逐出库班半岛之后，库班就成为苏军解放克里米亚半岛的一个起点。

第 6 军的 7 辆坦克，38 架突击炮要应付苏军的 165 辆坦克。

　　接着，曼施坦因向希特勒做了个总结。"依靠我们现有的力量，是无法守住顿涅茨盆地的。要么增援，我需要 12 个师，要么放弃顿涅茨地区。否则，我不知道还有什么其他的办法。"希特勒犹豫不决，闪烁其词，只是强调这个地区有丰富的农业和工业资源。最后，让曼施坦因感到满意的是，希特勒答应增加支援。

但是，曼施坦因如释重负的感觉只有那么一小会儿。他和希特勒在文尼察会面的前一天，苏军康斯坦丁·罗科索夫斯基将军带领的中央方面军向克鲁格的中央集团军展开进攻。而这支部队正是曼施坦因期望中的增援部队。8月28日，克鲁格亲自前往希特勒的驻地抗议将他已经饱受折磨的军队再派往曼施坦因的前线。最后，虽然希特勒作过保证，但是曼施坦因还是什么都没得到。

在南方集团军的南部战区，霍利特率领的第6军在此前的战役中损失惨重，军中的几个精英师还被调遣到了别处，如今实力大减，稀稀拉拉地分布在从米乌斯河到亚速海的塔甘罗格港（苏联西南部港市）的战线上，长约120英里。8月底，苏军南方方面军的两支部队快速出击，攻破了霍利特的防线，并向南朝着亚速海上的马里乌波尔港口（苏联乌克兰东南部港市）进军。德军在古比雪夫附近的防线被打开一个小的缺口，托尔布欣上将不失时机地从这个缺口涌入，向塔甘罗格（苏联西南部港市）的海岸线挺进，并将德军XXIX兵团围困在亚速海附近。XXIX兵团的几个师只能通过在若干个地点的殊死搏斗来突破苏军的包围。在这紧急关头，曼施坦因命令第6军撤退，希特勒很不情愿地批准了这一要求——"如果没有其他选择的话"，这是希特勒一贯的表达方式。后来，第6军向后撤退大约40英里，到了

一个被称为"海龟"的防线上。这条防线上的防御工事
并不十分坚固，是早前由德军工兵建的，用以保卫一座
叫斯大利诺（现称顿涅茨克）的工业城市。

希特勒的固执和犹豫不决让德军为之付出了代价，
德军全线败退。8月底的时候，罗科索夫斯基率领中央
方面军的三支部队从原本是库尔斯克突出部西部边界的
地方开始进攻，向杰斯纳河方向挺进，一个星期之内，
在中央集团军和南方集团军之间打开了一个50英里宽
的缺口。与瓦图京的沃罗涅日方面军一起，罗科索夫斯
基的军队继续向基辅方向前进。基辅是乌克兰的首都，
也是第聂伯河的一个交通枢纽。罗季恩·马利诺夫斯基
将军手下的西南方面军向西进军，在厄伯哈德·冯·迈
克恩森将军的第1装甲军和霍利特的第6军之间冲破了
德军刚刚占据的"海龟"防线。与此同时，马利诺夫斯
基的装甲部队朝着第聂伯河上位于第涅伯罗彼得罗夫斯
克的桥头阵地进发。前去包围曼施坦因的苏联军队马不
停蹄，他们直接听从斯大林的指挥。斯大林高呼的口号
一直在激励着他们："消灭南方集团军——这是我们胜
利的关键。"

9月8日，希特勒飞往曼施坦因位于第聂伯河河畔
扎波罗热的司令部。此时，希特勒正被来自欧洲南部的
坏消息困扰着：意大利在当天向盟军投降了。但是曼施
坦因此刻已自顾不暇。这次与曼施坦因一同参会的还有：
陆军元帅埃瓦尔德·冯·克莱斯特（A集团军在克里米

亚半岛的司令员）；第 17 军的司令员埃尔文·雅内克将军，第 17 军坚守在希特勒在高加索地区最后一个根据地——塔曼半岛上，他们从克里米亚半岛跨越克赤海峡来到这里。曼施坦因告诉希特勒，南方集团军只有撤退一条出路，否则的话，肯定会被苏军包围。这样一来，A 集团军和第 17 军将会被远远地孤立起来，曼施坦因也救不了他们。"那么，我们将会失去这两支部队，"曼施坦因说，"这是不可弥补的损失。"

虽然斯大利诺在当天就失守，马里乌波尔也于 2 天后失守，希特勒仍然再次驳回了曼施坦因撤出顿涅茨的请求。相反，他又一次承诺增加支援——这一次是派遣中央集团军的两个装甲师和两个步兵师，另外还有第 17 军的 4 个师。不过，希特勒又一次食言了。曼施坦因愤怒地通过统帅部总参谋长库尔特·蔡茨勒上将给希特勒留下口信："我善意地提醒您，苏军随时都有可能开始对第聂伯河进行毁灭性的进攻。"

一个星期过去了，曼施坦因的预言渐渐明朗起来。苏军的突破行动已经初具雏形。苏军从前线的中心哈尔科夫向四周强行推进。瓦图京的沃罗涅日方面军已经攻破了 X X Ⅳ 装甲兵团和位于曼施坦因北翼的第 8 军之间的防线，并在离第聂伯河 75 英里远的切尔卡瑟扎下营地。罗科索夫斯基的中央方面军，一直对赫尔曼·霍特将军的第 4 装甲军步步紧逼，现在离基辅不到 46 英里。而托尔布欣的南方方面军直到亚速海才停下来，意图将第 6 军包围在尼科波尔附近，将第 17 军包围在克里米亚半岛。

如果说德军曾经有机会派遣后备军，将苏军阻止在第聂伯河以东的话，那么，这个机会也由于曼施坦因和希特勒 9 月 15 日在"狼穴"的再次会晤而耽搁了。"现在最危险的是什么？是东部前线的命运！"曼施坦因说。希特勒才最终默许曼施坦因的请求，给他自主调遣军队的权力——但此时已太迟了。当天，曼施坦因下达命令，开始了一场轰轰烈烈的撤退行动，从基辅的北边向第聂伯河的西岸，再向扎波罗热撤退；另外一条路线是向南经过沃旦防线，再到亚速海。

不论是哪一条路线，第聂伯河都扮演着重要的角色。这条宏伟的河流，长 1400 英里，是欧洲第三大河流。它流经斯摩棱斯克的东北部，横穿白俄罗斯的东半部分，向南流向基辅。从那里，它沿着东南方向流经乌克兰，然后在第聂伯罗彼得罗夫斯克附近向南流入扎波罗热，最后，向西南流入黑海。第聂伯河的两岸，孕育了俄国这块土地；在第聂伯河水的浇灌下，乌克兰成为俄罗斯的粮仓。它流经的城市克里沃罗格、扎波罗热和尼科波尔富含铁矿、磁铁矿、铜矿以及镍矿。德军用以制造武器的原材料有 30% 以上都来自这里。

从军事上来说，第聂伯河对德军也极其关键。它陡峭的悬崖（西岸有的地方有几百英尺高）和宽阔的突出部分（有的地方宽达半英里）是阻挡苏军的天然屏障。

为了攻克这道障碍，斯大林聚集了这场战争中最强大的兵力，调动了 40% 的红军步兵和 84% 的装甲部队来对付南方集团军。希特勒以"巴巴罗萨"行动为开端入侵苏联，这场从 1941 年 6 月 22 日起就开始的战争，其最终的胜负将和第聂伯河息息相关。

在扎波罗热司令部，曼施坦因拟订了避开苏军的总体计划。他向第聂伯河撤退的原则是这样的："只要尽可能长时间的保存实力，那么，就可能渡过每一个难关。一个失去了战斗力或是稳定性的军队是不可能成功撤退的。"

德军开始了这次复杂并痛苦的大规模撤军行动。迫于苏军地面精良部队和空军部队双面袭击的压力，曼施坦因必须用尽花招来安排这次撤退，虽然他的军队已经弹精虑竭。他的 4 支军队共有 100 万人，被编成 15 个军团，共 63 个师，还有一些坦克、卡车和战马。而且，他还有大约 200000 名伤残士兵。

曼施坦因下令将撤退时所经过的土地烧个片甲不留。德军好像要带走所有的战利品，并摧毁所有红军可能派得上用场的东西。帝国元帅赫尔曼·戈林作为德国"四年计划"的执行专员传达希特勒的命令，他要求曼施坦因将第聂伯河东岸 15 英里范围内"所有的物资、粮食、机械都清空"。曼施坦因后来写道，在他撤退的时候，他"用尽了所有可能的办法来阻碍敌人的前进。而目前的形势下，德军很有必要实行'焦土'政策，就

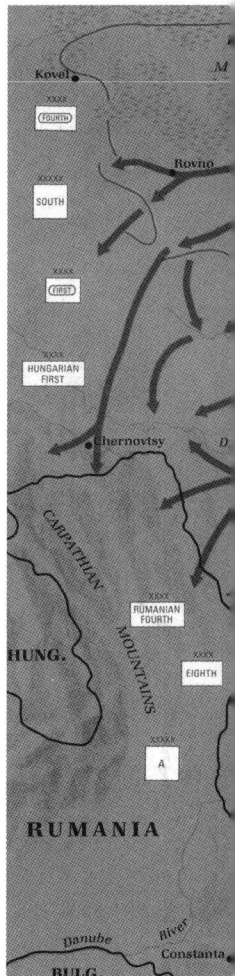

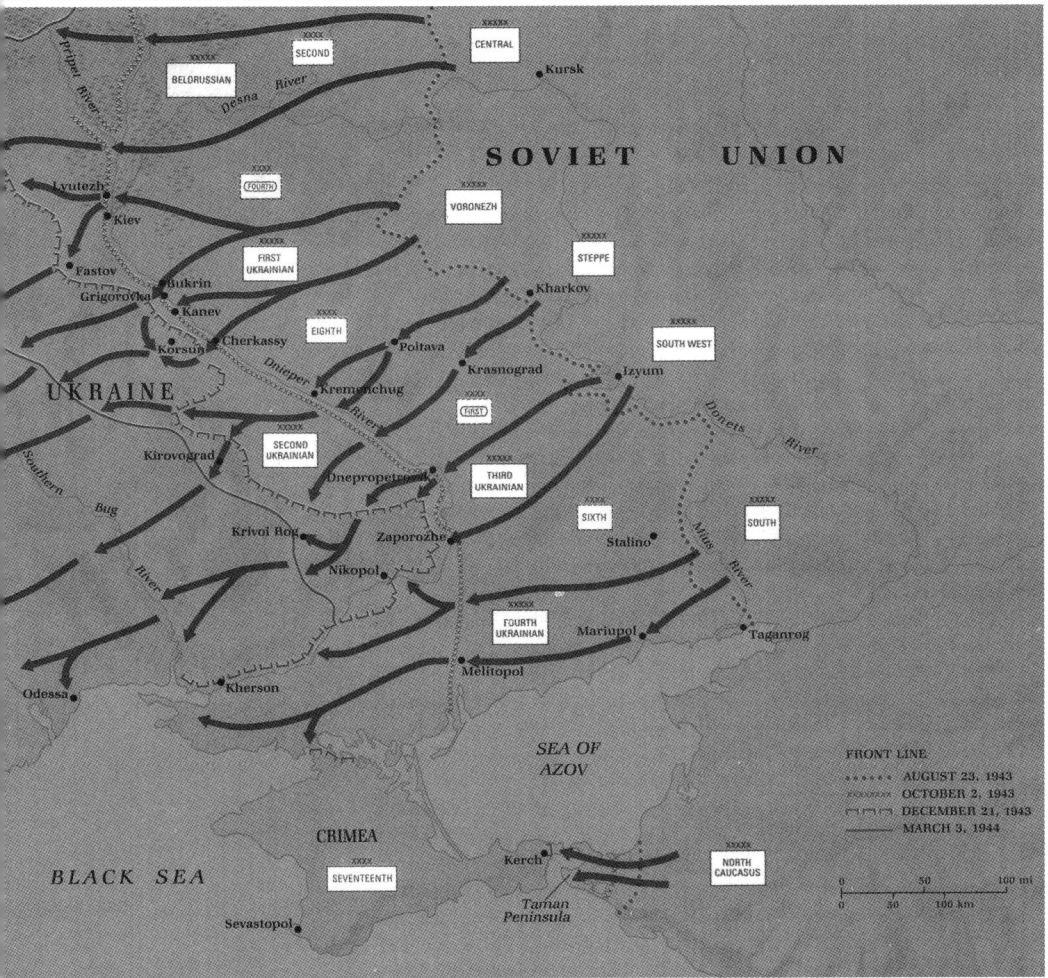

SOVIET UNION

UKRAINE

CRIMEA

BLACK SEA

SEA OF
AZOV

FRONT LINE
- - - - - AUGUST 23, 1943
········· OCTOBER 2, 1943
ⴰⴰⴰⴰ DECEMBER 21, 1943
━━━━━ MARCH 3, 1944

德军夺取库尔斯克的行动失败，接着，1943年8月苏联开始进行反扑，陆军元帅埃里希·冯·曼施坦因命令南方集团军向第聂伯河撤退，在河的东岸建立一道防线。但是，到了9月底的时候，防守第聂伯河的希望也破灭了，因为苏军沃罗涅日、草原和西南三个方面军已经在26个地方跨过了第聂伯河。到了年底，苏军已经完全控制了第聂伯河，德17军被困在克里米亚半岛上。苏军1943年不间断的穷追猛打迫使德军继续从乌克兰向西撤退。1944年2月，60000多名德兵在切尔卡瑟被包围。到3月31日希特勒罢免曼施坦因时为止，红军已经将德军逼退至比萨拉比亚（苏联东南部一地区，曾属罗马尼亚）和加利西亚，相较德军8个月前的前沿阵地还要往西300英里。

像苏军几年前撤退时干的一样。"

得知苏军正从当地 16 岁到 60 岁的人之中征募新兵后，曼施坦因就抢先一步，强征了大约 200000 名正处于服兵役年龄的人，当然也是很好的劳动力，把他们驱赶往西部。其中有一些人是自愿的，因为他们害怕重新回到斯大林的统治之下，所以，宁可放弃自己的祖国，和祖国的敌人站在一起。

将这些从苏联掠夺的财物以及德军自己的装备和物资运往第聂伯河需要大概 2500 辆火车。火车厢装满了谷物，还有其他农产品、拖拉机、打谷机、工具和"残废"了的坦克。曼施坦因的战利品还包括大批的动物，有 200000 头牛，270000 只山羊和 153000 匹马。40000辆满载的马车和这些牲畜一起，浩浩荡荡地向第聂伯河前进，尘土飞扬。来自汉堡的一位陆军中尉后来向他的家人描述当时的壮观景象"令人兴奋，不真实，令人惊讶，还透着点凄凉。好像整个国家、整个部队在迁徙一样"。

在向第聂伯河撤退途中，曼施坦因的军队经常受到苏军猛烈的袭击。9 月 18 日，他对河西岸的防御部队下了几道命令：第 6 大军两支南方军团并不按照原计划真正跨过第聂伯河，而是插入到早已准备好的"沃旦"防线后方；"沃旦"防线从扎波罗热开始，第聂伯河正好从这里向西南转弯，再从南流向梅利托波尔（苏联西南部城市）。第 6 大军的北方军团将朝着扎波罗热前进；第 1 装甲大军撤退到第聂伯河位于扎波罗热和第聂伯罗彼得罗夫斯克之间的地方；第 8 大军向克列缅丘格和切尔卡瑟附近的地区撤退；第 4 装甲大军的任务是从卡涅夫开始向第聂伯河上游前进 75 英里，到达基辅，再往北到达普利佩特河（苏联西部，第聂伯河右岸支流），这里是德军南方集团军和中央集团军交界的地方。

一旦所有的军队都到达第聂伯河，德军必须将450英里宽的阵线缩窄，因为只有 5 个地方才有桥或者可以快速铺设桥梁得以通过，这 5 个地方分别是基辅、卡涅夫、切尔卡瑟、克列缅丘格和第聂伯罗彼得罗夫斯克。过了河之后，再呈扇形散开。他们在河西岸的防线只有重新恢复到 450 英里宽，才有可能将正在追来的苏军挡

在南方集团军1943 年夏末的大撤退当中，一支由卡车和马车组成的纵队在满是灰尘的马路上朝着第聂伯河方向缓慢地行进。如今，曾自喻为战争机器的德军比红军还要更多地依赖马车作为运输工具。

纳粹空军的王牌飞行员

汉斯-乌尔里希·鲁德尔是东部前线当之无愧的王牌飞行员，他最拿手的就是摧毁苏军T-34型坦克。作为一名连创佳绩的斯图卡式俯冲轰炸机飞行员，他早在战争初期就用一枚炸弹炸沉了苏军的一艘战船。从那以后，他很快就开始尝试驾驶斯图卡轰炸敌人的坦克。他十分娴熟地在低空飞行，从坦克的尾部进攻，一共消灭了519辆苏军坦克。有的时候为了支援濒临崩溃的东部前线，他一天飞行17架次。鲁德尔是希特勒不折不扣的崇拜者，而且十分痛恨布尔什维克主义，他在失去一条右腿的情况下完成了最后一次飞行任务。他的右腿是在战争结束前3个月被苏军的高射炮几乎打断而不得不截去的。

汉斯-乌尔里希·鲁德尔的飞行扣下面的垂饰说明他完成了超过2000次的飞行任务——比任何一位纳粹空军飞行员都要多得多。这个飞行扣是金制的，上面的剑和圆圈是铂金制成，那个代表飞行次数的数字镶嵌了细小的钻石。

左图：1943年，在执行任务起飞前，鲁德尔坐在他驾驶的Ju87G战机机舱里行礼致敬。为了能够摧毁苏军的坦克，他驾驶的斯图卡式俯冲轰炸机被拆掉了空袭警报器、俯冲闸和炸弹架，装上了两支37毫米的高射炮，里面装有具有特殊杀伤力的炸弹。

最左边的图：鲁德尔向他的战友示意袭击苏军T-34坦克的最佳方法。由于T-34装备最薄弱的部分在尾部，即放置发动机的周围，所以德军飞行员发明了一种方法，先轰炸最后面一辆坦克，然后从后往前一个个扫过去。

左图：参加第二次世界大战的1500万德国士兵中，只有鲁德尔获得了第三帝国的最高军事奖章，钻石金双剑金橡叶骑士十字勋章。这枚奖章于1945年1月1日由希特勒颁发给他。

在河的那边。

豪言壮语、恐惧和死亡等字眼记载了接下来的几天里德军向西跨越第聂伯河的情形。与过去一样，曼施坦因的第4装甲大军处于战争最重要的位置，而他们依靠坚韧不拔的精神战胜了痛苦和死亡。其Ⅶ和ⅩⅢ军团，在苏军的穷追猛打下，正全力以赴向基辅的桥头堡前进。第4装甲大军的ⅩⅩⅣ军团，与其主力大军分头行动，在瓦尔特·内林将军的指挥下朝卡涅夫方向挺进。然而，将ⅩⅩⅣ军团逼退至卡涅夫－基辅地区正是苏军近卫坦克第3军雷巴尔科将军的一个计谋。雷巴尔科用了一个苏军惯用的伎俩，即攻击德军部队之间的缺口，避免硬碰硬的对抗，很容易就能取得胜利。这一招用来对付南方集团军非常有效，因为在德军过桥时不得不缩窄阵线，各自分散，如此一来，各军之间，形成了巨大的缺口。

在赶往第聂伯河的途中，奥托·沃勒尔将军的第8大军截获了一条由苏联游击队发出的未加密情报，告知其他的游击队说德军撤退部队并没有在第聂伯河西岸卡涅夫和基辅之间的地方出现。沃勒尔立即猜到苏军瓦图京将军应该已经知道了这个消息，并计划沿着河边某个地方发动一场大胆的进攻，希望能抢在第4装甲大军和第8大军的部队到达那里做好防御之前，先建立起他们自己的战线。

为抢得先机，沃勒尔联系距离该地区最近的德军驻点，位于卡涅夫东南的切尔卡瑟的一个小型武器训练中心，命令他们火速赶往河岸，中心120名士兵在深夜里被叫醒，随即坐上卡车往卡涅夫方向疾驰。

事实上，苏军根据游击队的情报，早已到了第聂伯河。近卫坦克第3军中，有一个名叫斯奈施科因的陆军中尉，他负责指挥的连队里有4名志愿兵藏在岸边没入水中一半的芦苇丛中。他们模仿麻鸦的叫声互相打暗号，和一名熟悉地形的游击队员一起悄悄爬上一个隐蔽的悬崖，准备来一个声东击西。为防止发出声音，他们利用厚厚包起来的浆划船，在格里戈罗夫卡村北几百码的地方靠岸，一上岸就立即朝德军的哨兵开火。他们一边迅速地移动位置，一边到处开火，闹出的动静堪比一个营。

其实，这个小计谋只不过是给苏军的渡河行动提供了一个掩护。往北半英里处，斯奈施科因连队的战士们已经将一些木板和木桶钉在一起，作为渡河的木舟。当德军哨兵忙于应付下游几个四处开火的苏军士兵时，斯奈施科因和他的手下们早已渡过第聂伯河。9月22日清早，他们和另外120名游击队员一块儿，建起了自己的桥头阵地。此时，第聂伯河以西从卡涅夫往北直至基辅60多英里的沿岸地区均已向苏军敞开，目前尚未有德军进抵此处，如果苏军能够派遣足够的兵力，将可以轻松占据整个地区。内林的ⅩⅩⅣ装甲军团的任务本来就是在卡涅夫渡河，抢占并守住这块地盘，而此时此刻，他们却仍在河的那边艰难地往这儿赶呢。

沃勒尔将军能够调遣以进行迅速反攻的只有来自武

器培训中心的 120 人。但是，来自第 19 装甲师的增援部队很快就到位了。此时，第 19 装甲师的一部分人马已经在基辅渡过了第聂伯河。第 19 装甲师下的一个装甲侦察营，由闻名遐迩的坦克指挥官古德里安将军的小儿子库尔特·古德里安少校负责指挥，向格里戈罗夫卡方向进军，加入战斗的行列。沃勒尔命令内林将军带领部队紧急行军，从卡涅夫地区的主要桥梁跨过第聂伯河，以消灭那些已经抢了先的苏军。雷巴尔科将军做出响应，发动 44 辆 T-34 型坦克，攻打内林在河东岸的桥头堡，试图堵住正在过河的 XXIV 部队。虽然德军的数量不多，但是，凭借他们的神勇还有反坦克武器，德军最终打赢了这场坦克战。这场战斗的胜利让来自第 19 装甲师的增援部队渡过了第聂伯河。内林部队的工兵在现有铁路的基础上又修建了一层轨道，这样，就不会影响火车运输，而其他的车辆和行军可以走上面一层。等到部队全部匆匆过了河之后——内林自己是最后一个过河的——工兵们就把身后的桥给炸毁了。在这场比拼速度的竞赛中，德军获胜了。卡涅夫北边，苏军的桥头阵地很快就被德军控制了。

同时，苏军也在河岸的其他地点奋力狙击曼施坦因，力图阻止其守住西岸的计划。几乎在斯奈施科因登上西岸的同时，苏联第 13 军在其北边 120 英里的地方逼近第聂伯河。那里是一片沼泽，也是普利佩特河在切尔尼科夫流入第聂伯河的地方，正好在德军南方集团军和中央集团军之间，看上去不是一个登陆的好地方。但是，这一次又是苏联游击队帮助他们，在普利佩特沼泽地极其隐蔽地铺好了道路。苏军于9月26日过河之后，建立了自己的桥头堡。

到9月底，苏军一共在23个地方渡过了第聂伯河，从基辅往北100英里处的洛伊夫一直到基辅以南450英里处的扎波罗热。大多数情形和在格里戈罗夫卡即时发生的小规模战斗类似。比如说，在布克瑞因附近的斯泰基，一个只有50人的苏军小组过了河之后才发现，他们要面临一场与德军第34步兵师的战斗。如此一来，苏军也没什么进展，但是却证实了要想越过德军的火力和战壕也是非常困难的。所以说，这些小小的桥头阵地对苏军来说也没什么用，除非进一步地扩大，把苏军的大批部队、坦克、卡车和大炮一起弄过河。

9月24日黄昏时分，当德军第258步兵团某营的士兵们还在不停地挖战壕以抵抗格里戈罗夫卡附近的零星小飞地里的苏军的时候，听到有人在喊："敌人的飞机来了。"德军士兵赶紧卧倒，但是来势汹汹的战斗机却只是掠过天空，并没有进行轰炸。飞机飞得很低，德军可以清楚地看到其中很多是运输机。更奇怪的是，机舱的灯都亮着，有的甚至开始瞄准地面的探照灯。突然之间，鼓囊囊的白色降落伞从飞机上降落下来。

苏军就这样开始了一场大胆的空降行动，以扩大和巩固他们在第聂伯河西岸的桥头阵地。此次行动共空降了几千名伞兵，是战争开始以来苏军第一次大规模的空降行动，但是结果却是一场空。苏军计划先在格里戈罗夫卡附近的文德米尔增加一支部队，然后是巴里卡和布克瑞因地区的桥头阵地。但不幸的是，苏军的指挥能力实在是太差了：第5空降队降落的地方离原定目标还有25英里远，而第3空降队只空降了4575名士兵，却没有一同空降反坦克炮。

更糟糕的是，苏军开始空降行动的时候，内林的部队已从卡涅夫北部渡河。许多空降兵正好降落在德军占领的地盘。突如其来的众多空降部队着实让德军大吃一惊，但他们很快就反应过来，铆足了劲向苏军开火。被击中的降落伞摇摇晃晃地坠落在树枝上，孤立无援的空降兵只能束手就擒。

仅仅48小时以后，一场突如其来的进攻迅速扭转格局，成为这次战争中的一个关键性的转折点。第842步兵团5营某排，共22名士兵，在一位名叫娜非得夫的极具胆量的中士的指挥下，驾驶4条小渔船，登上第聂伯河西岸基辅以北一个叫列特赤的村庄。正当他们在岸上挖战壕的时候，遭遇德军的阻击兵，把他们打得只剩下10个人。娜非得夫强烈要求增援。接下来的几天里，苏军有两个团，带着他们的大炮，还有一支重型迫击炮团的一部分兵力连续渡过第聂伯河，到达西岸。苏军在列特赤附近建立了大约几英里长，1英里宽的桥头阵地。虽然德军 XⅢ 军团火力凶猛，苏军却坚守不放。

瓦图京将军，苏军沃罗涅日方面军的司令员，紧紧抓住了这次稍纵即逝的机会。他和作战委员会委员尼基塔·赫鲁晓夫一起，命令近卫坦克第5军司令员A.G.克拉夫琴科将军向第聂伯河的桥头阵地前进。对克拉夫琴科来说，这可不是件容易的事，因为在第聂伯河之前，他的队伍先要渡过杰斯纳河。而他们这一段，杰斯纳河就有1000英尺宽。瓦图京强调说，如果弄来建桥的设备来造桥的话，需要"8到10天的时间，可是8天以后恐怕就太晚了。"所以，他告诉克拉夫琴科，"你必须找一个浅的地方直接涉水过去。"

由一个渔夫给他们带路，找了一个可以确保河底足够坚实的地方，克拉夫琴科的军队渡过了河，几乎没有浪费什么时间。他后来写道："近战坦克第5军的战士们，只好把坦克临时当成潜水艇。为防止漏水，把所有的缝隙，舱口盖以及坦克表面能够渗水的地方都包上了一层油毡。坦克就这样低速开下水，过了河。"

过了杰斯纳河之后，苏军立即向第聂伯河前进。10月5日晚，苏军在岸边找到两只大型的驳船，将60辆坦克运过了第聂伯河。苏军这支队伍的到来，使得德军在此不敢轻举妄动。一开始，苏军最高统帅部没有充分利用这个战机，而是决定继续集中兵力，试图从布克瑞因附近的桥头堡向南突围。直到10月中旬，他们终于意识到，德军在布克瑞因的警戒非常牢固，根本无法攻破，才将进攻的重点转向列特赤。

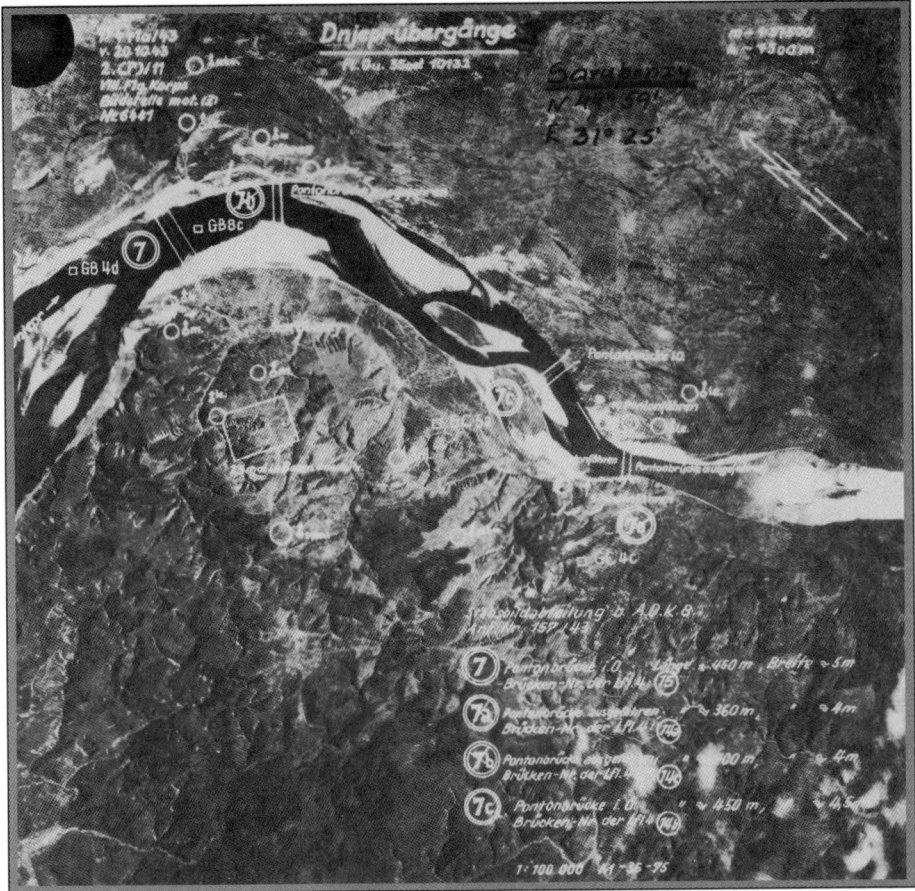

这是一张于 1943 年 10 月 20 日德军空中侦察拍摄的照片，拍摄的是第聂伯河西岸红军布克瑞因桥头阵地的情形。从照片可以看出标着 7a 和 7b 的两座桥都已经被摧毁了。就在照片拍摄后的第 4 天，苏军就悄悄地将该地区整整一个坦克部队向北转移到位于列特赤的一个地形更有利的桥头阵地。

10 月 24 日，苏军近卫坦克第 3 军整支队伍开始转移，包括 300 多辆坦克和自推式大炮，数以百计的大炮，以及层层武装的军车、汽车和卡车，从布克瑞因前往列特赤，行程 120 多英里。这次转移行动充分显示了苏军在两年多的残酷战争中练就出来的真功夫，那就是高超的技巧和神奇的速度。苏军利用假冒的装备来代替已经转移了的坦克和卡车，以迷惑德军的空中侦察兵。另外，他们还保持布克瑞因桥头阵地的无线电通讯正常的流量，同时，转移队伍尽量保持无线电静默。

瓦图京此时在列特赤拥有三支陆军，一个坦克军团，一支骑兵军团，还有大规模的炮兵部队，其兵力远远超过了那里的德军。他率领的沃罗涅日方面军在10月20日改名为乌克兰第1方面军（草原、西南和南方方面军分别改番号为乌克兰第2、第3、第4方面军），估计每隔10英尺就有一枚大炮或是迫击炮指向德军的营地。

霍特第4装甲军旗下的已经虚弱不堪的Ⅶ和ⅩⅢ军团是苏军进攻的首要目标。11月4日夜晚，雷巴尔科率领近卫坦克第3军在耀眼的探照灯和尖利的警报器声中开始了进攻。苏军装甲车从基辅的北边和前边冲破霍特的防线，迫于无奈，霍特不得不撤出基辅。

11月7日，苏军T-34型坦克轰隆隆开进基辅的主干道，红旗重新插上党部的废墟上。这一天正好是布尔什维克革命周年纪念日，也是尼基塔·赫鲁晓夫发誓要解放乌克兰首都基辅的日子。赫鲁晓夫身穿将军制服，神气十足地进入城内。而雷巴尔科将军却丝毫没有停留来享受荣耀的光辉，而是继续向南向西挺进，意图摧毁德南方集团军的物资供给和通信线路。法斯托夫地区的铁路站场很快落入雷巴尔科坦克军的手中。虽然纳粹空军的防空炮兵奋战坚守到最后一刻，但也只能稍稍拖缓雷巴尔科向前推进的速度。

德军不顾一切地把部队投入前线，只想尽快抵挡住雷巴尔科。阿道夫·冯·谢林陆军中将指挥下的第25装甲师，是在挪威临时拼凑起来的一支队伍，只在法国受过短暂的训练。各组成部分从来没有作为一个整体在一起打过仗，而且对东部前线的危急局势一无所知。这支部队的最大优势在于它的装备，共有 90 辆Ⅳ型装甲坦克，45 辆虎式坦克，大约和雷巴尔科的 T-34 型坦克数量相当。但是，其中大多数坦克都被错误地开到了离他们的阵地 120 英里远的一个军用仓库。所以，第 25 装甲师只能徒手而战，损伤极为惨重。最后，这些装甲车终于开到了，在冯·谢林将军的指挥下，对占领法斯托夫的苏军开始了多次进攻。虽然德军一度夺取了铁路站场的控制权，但最后还是以撤退告终。尽管德军的兵力不足以击退苏军，但是他们猛烈的进攻有效地阻止了雷巴尔科包围整个南方集团军的计划。

　　10 月初的日子令人绝望，曼施坦因的军队忙着集中他们所有可能的兵力来对付列特赤地区新出现的一些

用临时担架抬着受伤的战友，苏联游击队在基辅以北的普利佩特沼泽地中艰难地跋涉。这片大面积的沼泽地，位于德中央集团军和南方集团军之间，很不利于大批部队从中穿过，但是正因为如此，将苏联游击队训练成了一支优秀的、对德军有一定杀伤力的队伍。

规模虽小，但极具危险性的桥头阵地，而此时，南方集团军在第聂伯河下游的扎波罗热遭到敌军一场避之不及的打击。在希特勒看来，这座城市具有极其关键的地位。扎波罗热的大坝和发电站为整个乌克兰西部地区的工厂和矿山供应电力。只要德军部队驻留在那儿，那么，对于苏军向亚速海进军以及攻进克里米亚半岛来说都是一个威胁。被委以重任坚守扎波罗热的3支装甲师，来自

一个写着"夺取基辅"的牌子激励着苏军跨过第聂伯河向前进。

西格弗里德·亨里希将军手下的 XL 装甲军团和 XVII 陆军团的步兵师。而苏军方面，由乌克兰第 3 方面军的三支陆军，一支空军和两支坦克部队负责攻打亨里希。

　　10 月 10 日，对德军阵线的猛烈炮轰揭开了扎波罗热之战的序幕。双方的拉力战在进退交替中展开——苏军的坦克不停地向前冲，被德军的反坦克武器打下来以后，又有一批坦克呼啸而来……德军的形势开始恶化，

1943 年 11 月 7 日，即布尔什维克革命周年纪念日，德军部队被赶出了乌克兰首都基辅。基辅解放后，乌克兰党首领、军事政委、未来的苏维埃领袖赫鲁晓夫正在安慰一位悲伤的妇女。他穿着毛领大衣，看上去异常华丽。

燃烧的土地

　　从基辅以西85英里处的日托米尔（苏联乌克兰中西部城市）撤退的德军，回头看他们放的大火。德军每撤出一个城市，就摧毁一个城市。

这时，苏军的一架飞机用降落伞投下一封由瓦尔特·冯·塞德利茨－库尔茨巴赫将军写的信。他在斯大林格勒的时候被苏军俘虏了。这封信是写给欧文·劳赫将军的。在信中，塞德利茨－库尔茨巴赫劝诱他的伙伴投降："你应该会记得我们在军事学院的日子。现在，你们的军队已经没什么希望了。我已经为你们谈好了优厚的条件，保证让你满意。"还有一位曾经备受爱戴的陆军上校汉斯·京特·范·胡佛也抛出了类似的劝降书。他曾是一位装甲部队的司令员，和塞德利茨－库尔茨巴赫一样，也是苏军的俘虏。尽管如此，没有一位德国士兵投降。但是，战斗进行到第 4 天，苏军的大炮猛烈袭击大坝的时候，德军失败的命运显而易见是不可避免的了。

亨里希此时面临着全军覆没的命运。10 月 13 日，他不顾一切地试图取得希特勒的同意允许他撤出扎波罗热。但是他的努力白费了，因为他根本无法与希特勒的司令部取得联系。"还没有来自'狼穴'的指示吗？"他一遍遍地问。"还没有，将军。"回答总是一样的。而事实上，希特勒此时正在睡大觉，没人敢吵醒他，况且还是请求撤离的消息，势必令他更加恼火。

扎波罗热硝烟弥漫，苏军的坦克攻进了德军阵地，于是，亨里希决定不论希特勒同意与否，他都要开始撤退。在位于第聂伯河东岸的第 16 装甲掷弹兵师和其他部队均撤出以后，亨里希下达了一道极具轰动性的命令：

彻底摧毁铁路桥和大坝。随着一阵轰鸣的炮响，580000
磅的炸药将大坝和发电站炸得粉碎——其破坏性远不止
于此，巨大的水流淹没了附近的村庄和山谷。

10月15日，苏军占领了扎波罗热之后，继续向西
南，朝着第聂伯河流入克里米亚的河口挺进。800多辆
坦克使得第6军屡屡溃败，殚精竭虑。第6军此时的使
命是保卫第聂伯河下游东部流域一块巨大的三角地带。
这片荒芜的大草原聚集着大量的游击队，他们控制着数
以百计的村庄。德军不得不分散出一部分兵力来对付他
们。最终，第6军也没有完成他的使命。10月份的第3
个星期，经过了残酷而且是代价昂贵的战斗之后，霍利
特不得已放弃了早已千疮百孔的"沃旦"防线，向西退
去。梅利托波尔，亚速海地区一座重要的城市，就这样
在10月23日沦陷苏军。

第6军的撤退，使德军在尼科波尔——这里富含锰
矿——和整个克里米亚地区的形势变得更加危险。迫于
越来越大的压力，曼施坦因开始恢复与希特勒的对话。
11月7日，两人在"狼穴"会晤，希特勒坚持认为应
该守住尼科波尔和克里米亚地区。他强调如果没有锰矿
的话，德军的军备工业将很快停顿下来。

但是，军备部部长阿尔伯特·施佩尔，应陆军总司
令部的请求，在希特勒不知晓的情况下，做了一个考察。
考察显示德意志帝国也有足够的锰矿资源，能够生产出
高品质的钢铁，够德军使用11个月的时间，并将考察

横跨第聂伯河长
达800码的扎波罗热
大坝已成一片废墟，
1943年10月在德军
最后一次跨过它向西
撤退之后，就把它给
炸毁了。

燃烧的土地

　　德掷弹兵在他们向西撤退的途中小憩。他们脸上痛苦的表情显示了 1943 年的撤退是多么的艰难和危险。有许多人就直接蜷缩在地上，有些人在四处寻找一块可以掩护的地方。

的结果报告给了总参谋长蔡茨勒将军。希特勒却仍为自己辩护。"你简直让我无法忍受，"他向施佩尔咆哮，"我刚刚下达命令，集中所有的兵力保卫尼科波尔。本来我至少还能有一个理由让军队誓死而战，但是蔡茨勒却拿着你的报告来见我。这显得我就是个满口谎话的骗子。如果尼科波尔失陷的话，那就是你的过错。"希特勒决定要死死守住尼科波尔和彼列科普地峡，即通往克里米亚半岛的陆桥。

10月底，希特勒将防守第聂伯河大河湾处的任务交给了费迪南德·舍尔纳将军，他具有钢铁般的坚强意志，并多次受勋。他是一位高山作战部队指挥官，也是一位忠心耿耿的纳粹。但是，即使是这样一位将军，也无法抵挡苏军疯狂的火力，况且南方集团军右翼德军的阵线已有多处被突破。圣诞节前夕，他也在考虑是否应该撤退了。

1944年1月4日，曼施坦因在希特勒的司令部和他再次会晤。双方会面的情形与以往并无太大差别，只是如今德军的境况已更加危急。曼施坦因清楚地描述了南方集团军面临的困境，并催促希特勒撤回仍守卫在第聂伯河大河湾的部队。这就意味着要放弃克里米亚。——列举出所有的原来就提出过的理由后，曼施坦因这次表现出前所未有的坦率："我们必须弄清楚一个事实，那就是：我们之所以目前处于如此窘迫的局面，不能仅仅归于敌军在兵力上的优势，我们领兵的方式也有

问题。"这次会面在希特勒严厉的目光注视下结束。"他让我觉得很不舒服,"曼施坦因写道,"就好像要强迫我屈服于他。"

与曼施坦因预计的一样,通向克里米亚半岛的走廊很快就被苏军控制住了。第17军与外界失去了联络。事实证明曼施坦因的判断是对的,但是他自己却惹火上身。2月2日,第6军正式从南方集团军转入陆军元帅冯·克莱斯特的A集团军,同时,尼科波尔和德军在第聂伯河下游东部其他地区的防守都不再属于曼施坦因的管辖范围。

舍尔纳集团军不仅勇猛,而且具有丰富的作战经验,包括Ⅳ军团,ⅩⅩⅠⅩ军团和ⅩⅤⅡ高山作战部队展开殊死搏斗,坚守这片土地。寒冬来袭,他们的处境更加艰难。尼科波尔的桥头阵地,现在只有75英里宽,呈弧形。为了攻克这个桥头阵地,苏军乌克兰第3方面军的第8近卫军和第6军以及乌克兰第4方面军的第3近卫军和第5突击军仍然在风雪中坚定不移地前进,尽管驻

1944 年 2 月 底,德军的小队人马穿着冬天的军服,悄无声息地在夜间行动,为了逃出科尔逊周围苏军的包围圈。大约 3 万名德军在这个称为切尔卡瑟包围圈的地方被杀死或是被俘虏了。

扎在那里的德军也打出了几次成功的反击。舍尔纳将军在 1944 年 2 月里所面临的不仅是强大得无法抵挡的苏军，而且还有暴风雪，零下 15 度的低温，以及死伤无数的士兵。舍尔纳军队的后面，是一块仅仅 6 ~ 9 平方英里的平地，泥泞不堪，不存在地形上的优势，根本没有什么利用价值。

和扎伯罗热的亨里希一样，舍尔纳害怕如果他等待上级指示的话，那么他只能坐以待毙。于是，也和亨里希一样，舍尔纳自行决定撤退。凭着多年积累的作战经验，舍尔纳在阿波斯托洛韦和第聂伯河之间开辟了一条

被摧毁的德军卡车和装备显示了切尔卡瑟之战的猛烈和国防军面临的绝境。

窄窄的通道。2月中旬时，他的军队渡过了第聂伯河。他们逃脱了包围圈，但是，尼科波尔，另一块希特勒极其看重的土地，就这样失去了。而且，这是第聂伯河东岸德军最后一块领地。

从这里往北100英里的地方，同样的悲剧正在上演。3个月以来，一些装甲部队，比如大德意志师，他们拥有更多的坦克，在基洛夫格勒附近经过层层突围，成功地拖住了苏军伊万科涅夫将军手下的乌克兰第2方面军。在一次战斗中，一位名叫塞普·莱姆派尔的英勇的中士表现极为突出，他驾驶的虎式坦克击中了苏军18辆坦克。但是，到了1月7日，负责防守基洛夫格勒的第3装甲师，面对科涅夫紧急调遣过来的大部队，处于极其危险的境地。就在那一天，隆美尔的前任北非战场总参谋长，即第3装甲师现任司令员弗里茨·拜尔莱因中将，在观察了阵地的局势后称，他的军队面临一个"地狱般的困境"。

和亨里希、舍尔纳两人一样，拜尔莱因面临艰难抉择。最终，他不顾希特勒的紧急命令，突破包围基洛夫格勒的苏联军队，仓皇而逃。由于希特勒的命令越来越不现实，违抗命令的事情发生地越来越频繁。基洛夫格勒于1月8日被苏联占领。

随着苏军的步步紧逼，类似的情形在曼施坦因水深火热的前线上时有发生。虽然如此，曼施坦因仍然凭借其高超的军事才能，尽量避免德军受到重大损伤，虽然这是迟早的事。到了 1 月 25、26 日，苏乌克兰第 1、第 2 方面军突破了基辅西南方第 8 军的防线，并继续向西南方向挺进。第 4 近卫军突破了切尔卡瑟南部德军的防线，切尔卡瑟坐落在第聂伯河下游，距基辅约 100 英里。紧接着第二天，第 6 坦克军的两支军团又攻破了切尔卡瑟北部德军第 1 装甲军的一小块防线。苏军的这两支部队于 1 月 28 日会合，将第 8 军的 XL Ⅱ 和 Ⅺ 两支军团的 60600 名士兵围堵在科尔逊及其周围地区。科尔逊位于切尔卡瑟以西 30 英里。

曼施坦因集合了几支装甲师，并配以空军支援，向切尔卡瑟驶去，企图营救被包围在那里的部队。前进途中，德军共摧毁或是俘虏了苏军 700 多辆坦克。然而，他们仍然无法攻克围守的苏军。在连续的几场坦克战中，虽然德军英勇奋战，但还是没有成功。最终，有大约 30000 到 32000 名士兵努力冲出了包围圈。

德军为此付出了高昂的代价。这次战斗中，差不多 30000 名德军或死，或伤，或被俘房。第 113 掷弹兵连 600 名士兵只剩下 60 人。数以百计的士兵和战马在突围时被冲下了冰冷的河水。绝大多数受伤的战士只好被留在结了冰的泥地中，大炮和重型武器也不得不被扔掉。第 Ⅺ 师司令员 W . 斯特莫尔曼少将遭坦克炮轰身亡。一位苏联的军官回忆："他的尸体被放在谷仓里一张粗糙的木桌上，陪着他的只有他的勋章。"

苏军看上去仍然势不可挡。乌克兰第 1 方面军在瓦

在苏军重兵看守下，被捕的德兵列队在列宁格勒的大街上被游行示众。被死死地包围了3年以后，这座城市终于在1944年1月27日解放了。

图京遭一群反苏乌克兰非正规军伏击受重伤之后，现由格奥尔吉·朱可夫将军负责指挥。3月初，乌克兰第1方面军攻击了驻扎在位于普利佩特沼泽和喀尔巴阡山脉之间的第1和第4装甲军，正好是在战前波兰、罗马尼亚和苏联交界处附近。再往南是乌曼，这里是汉斯·胡贝将军第1装甲军最重要的基地，也失陷于朱可夫的部队。苏军继续向布格河方向前进，直到越过罗马尼亚国界线才停下来。不到一个月的时间，行军250英里。

3月24日，曼施坦因又一次违背了希特勒的命令。希特勒命令胡贝的第1装甲军坚守在布格河与第聂伯河之间。此时，苏军乌克兰第1、第2方面军的主力部队纷纷从四面八方集中在一起，胡贝的形势不妙，处于被包围的危机之中。为了避免灾难的发生，曼施坦因下令，允许第1装甲军向西撤退。于是，德军利用暴风雪撤退——因为暴风雪迫使苏军空军无法飞行——同时，也承受着巨大的伤亡，最终成功撤退。对于希特勒来说，曼施坦因的行为再一次触犯了他。

第二天，希特勒在伯格霍夫——位于巴伐利亚阿尔卑斯山的藏身处，和曼施坦因两人怒气冲冲地见了面。面对希特勒的质疑"所有发生的一切都是因为你一而再再而三地撤退造成的"，曼施坦因反驳道："所有发生的一切都应归咎于你，我的元首大人。你应该全权负责。"

3月30日，希特勒突然派出他的私人座机，将曼施坦因和A集团军司令员克莱斯特接至贝希特斯加登，

进行另外一次会面。后来才知道，这是他们最后一次会面。他授予曼施坦因十字勋章，并和他进行了一番表示钦佩的委婉的谈话，希特勒表示，曼施坦因的才能在东线已无施展的"余地"。"我已经决定让你离开这里，我会任命其他人来率领这支队伍。你指挥它的时代已经结束了。我现在需要的是立场坚定的人。"帝国时代最杰出、最忠诚的一位将军，曼施坦因，就这样结束了他的戎马生涯。克莱斯特，曾与希特勒在 A 集团军是否撤离克里米亚的问题上发生严重分歧，被授予与曼施坦因同样的一枚勋章，也同样被"解雇"了。

两位司令员易人，部队的名称也随之改变。曼施坦因的位置由陆军元帅沃尔特·莫德尔接任，部队改名为乌克兰南方集团军；克莱斯特的 A 集团军改名为乌克兰北方集团军，由舍尔纳将军接任他的职位。但是，这种变化却丝毫不能减缓两支军队面临的危机。

在前线的最北方，德军在列宁格勒的行动继续受挫。希特勒于1941年就决定采取围困的方法攻克列宁格勒，而不是直接进攻。这让列宁格勒的居民们经历了 900 多天的饥饿、疾病、寒冷和死亡。但是，在一位坚忍不拔的乌克兰司令员安德烈·日丹诺夫将军的带领下，列宁格勒誓不屈服。

现在，已经是 1943—1944 年的冬天，负责围困列宁格勒的是陆军元帅乔治·冯·屈希勒尔的北方集团军，坚守的阵地大部分都是过去两年里就已经占领了的土地。乔治·林德曼将军手下的第 18 军把守着前线的北部地区。其左翼部队要对付的是芬兰海湾上的奥拉宁巴姆滩头阵地，正好在列宁格勒的西边，牢不可摧，是苏军深入德军阵地的一个突出部。可是，在整个围攻计划中，这个滩头阵地被莫名其妙地排除在围困计划之外。第 18 军的中心部队继续在这个致命关口与敌军保持对峙，抵抗列宁格勒和沃尔霍夫方面军。在这里，苏军有 3 倍于他们的兵力，6 倍于他们的坦克、突击炮和飞机。第 18 军的右翼部队被困在了诺夫哥罗德和伊尔门湖。克里斯汀·汉森将军的第 16 军守卫在北方集团军的南部区域，从伊尔门湖一直到与中央集团军交界的地方，即维捷布斯克东北部。

1943年底，第18军获取的情报显示，在奥拉宁巴姆包围圈里的苏军以及列宁格勒方面军均在扩充兵力，看上去会在第二年1月份掀起反攻，但预计反攻的力度不会太大。1944年1月14日，苏军在列宁格勒出其不意以不可遏止的气势对林德曼展开突围。第2突击军从奥拉宁巴姆出发，直逼德军部队，迫使德军空军两支野战师，SS掷弹兵师和第18军向后撤退。与之相呼应的是，苏军第42军在列宁格勒外围发动了进攻。第18军的南翼部队在诺夫哥罗德也遭受了来自南北方的重击。

敌人来势如此凶猛，屈希勒尔和他的前任曼施坦因一样开始进行大撤退。不到5天，苏军第2突击军和第42军就消灭了夹在他们之间的德国部队，会合在一起，并把围攻列宁格勒的德军赶了出去。诺夫哥罗德的德军努力突破重围，向西撤退，但是，危急之中，他们不得不放弃伤残的战友，把他们留在了城市的废墟之中。

眼看着德军就这样失去了一支又一支部队。为了避免更多的损失，整个东部前线上所有的部队都在进行殊死搏斗。1月27日，希特勒召集部队的司令员们参加在哥尼斯堡举行的纳粹领导人会议。在会上，希特勒训诫他们只有纳粹的信仰才是战争胜利的关键。但是，几天以后，尽管已经听取了希特勒的精神训话，屈希勒尔还是命令第18军向布格河方向撤退。

希特勒大怒，马上任用新提拔的陆军元帅沃尔特·莫德尔接替他的职务。沃尔特·莫德尔临阵指挥的经验十分丰富，就连曼施坦因也十分钦佩他的魄力。司令员虽然换了，但是向布格河的撤退却没有停止——尽管希特勒刚刚发表了他独创的"盾和剑"的学说。根据希特勒的这个学说，只有当撤退有利于进一步展开反攻的时候，这种战术性的撤退才是允许的。而事实上，德军的撤退次数远远多于反攻。

莫德尔此时无法分身来指挥北方集团军，因为他的右翼部队第16军在安德烈·叶廖缅科将军带领的波罗的海沿岸第2方面军的猛烈进攻下，被迫撤退。2月15日，希特勒最终同意让北方集团军剩余部队向"黑豹防线"撤退。这条300英里长的防线，由坦克障碍、铁丝网以及水泥掩体组成，坚不可摧。而且，防线经过佩普西湖（苏联西部，在俄罗斯联邦和爱沙尼亚边境，亦称楚德湖）和派科夫湖，形成了一道天然屏障。德军于3月1日撤退至这道防线后方，并在那里坚守了几个月——直到这条防线也抵挡不住英勇坚韧的苏军。那时，德军只好再次撤退了。

从1943年的春天到1944年春天，德军在东部战线的形势发生了巨大的变化。刚开始的时候，德军尚可维持，到现在却一败涂地了。起初，德军的11支军队组成的阵线从芬兰海湾延绵直到亚速海。有的阵地突出部深入敌军，足以威胁到莫斯科。可是，到了1944年3月，

配备了冲锋枪的苏军滑雪部队，埋伏在雪地里，准备袭击德军的北方集团军。到1944年3月为止，北方集团军已经向西撤退到了"黑豹防线"，即"东墙防线"的其中一段，是北部最后一条真正有用的防线了。

德军的防线一直在向西撤退，有些部队距离西部战线只有 400 英里，苏联的军队已经来到了波兰的大门口。

苏军损失极其惨重：共有 500 万人在过去两年半的战争中失去了生命。尽管如此，苏军人数上的优势正在日渐扩大。1944 年初，苏军达到 700 万。从大西洋到黑海的整个战线上，斯大林拥有整整 58 个军的兵力。这意味着，平均每一个德国士兵要抵挡数不清的红军战士。况且，这些红军战士对德国人都充满了复仇的欲望，正是他们，让苏联人民饱尝艰辛和痛苦。德军即将面临一场大灾难，这在克里米亚已经初见端倪了。

197 师的撤退

德国部队当中，第3装甲军团的197步兵师从苏联进行了一场大规模的撤退。作为中央集团军的一部分，197师在1941年6月德军大胆进攻苏联的时候充当先锋，曾一度逼近莫斯科——不过也就止步于此了。在愈战愈勇的苏军的反扑下，再加上把人和武器都冻僵了的严冬，197师很快发现他们已经处于必须全面撤退的危急当中。1942、1943年，在莫斯科以西临近白俄罗斯的斯摩棱斯克和奥尔沙城附近，他们停止前进，一直在打防御战。不仅要受到前线后方游击队的骚扰和苏联红军的穷追猛打，还要应付春天的泥泞和冬天的冰冻，这样的路面条件使车辆难以行驶，更使得步行队伍和拉着供给物资的马车几乎寸步难行。

记录197师这次撤退的是一位非官方的摄影师卡尔·亨利奇，他的一些图片出现在本书中。他于1941年作为一名无线电操作员加入197师，直到197师在1944年夏天苏军发动的大规模进攻中因损失太过惨重而不再作为一个独立作战单位存在。幸存者被重新编排到其他的部队，继续沿着立陶宛和东普鲁士撤退。到1945年夏天为止，197师原有的17000名士兵当中只有7000名回到了德军队伍中。亨利奇是其中的一名幸存者，战后很长时间他都对自己的这份经历念念不忘。最让人伤心的就是他的指挥官的死。"我们坐在战壕里，他走过来，"亨利奇回忆道，"他祝愿我们无论如何都要过一个快乐的夜晚。一种奇怪的表情出现在他的脸上，好像永别一样。过了一会儿，炸弹炸毁了他的车，顷刻之间，他就化为灰烬。"

197师士兵卡尔·亨利奇正在调
节他那架将197师的撤退载入史册的
照相机。亨利奇的上司同意他沉浸在
自己的兴趣当中，并在非凡的时刻拍
下照片。

在一场发生在光秃秃的平原上的小冲突当中，197师用倒下的苏
军士兵尸体作为掩护。西伯利亚大草原辽阔无边，没有树木遮挡，无
法提供任何天然保护屏障，战士们只好出此下策。

两个德国兵利用一个废弃的小木屋作为掩护，正在监视敌人的部队，在不远处，一个村庄着火了。尽管苏军部队快速逼近，但是德军仍然放火将无数苏联的城市和村庄燃为灰烬。

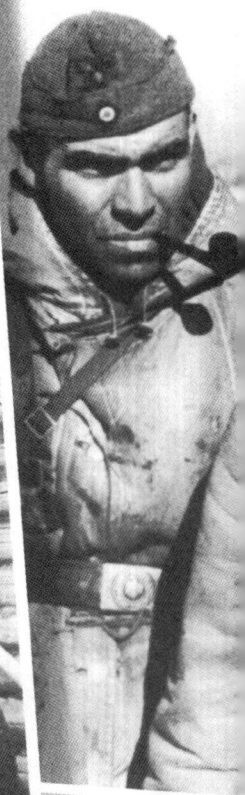

穿着暖和的冬季军装，197军的战士们准备拔营，继续向西踏上征途。1941年，第一次经历苏联冬天的德军战士只穿着破旧的夏装打仗。到了第二年冬天，东部前线上大部分德军就装备完善了。

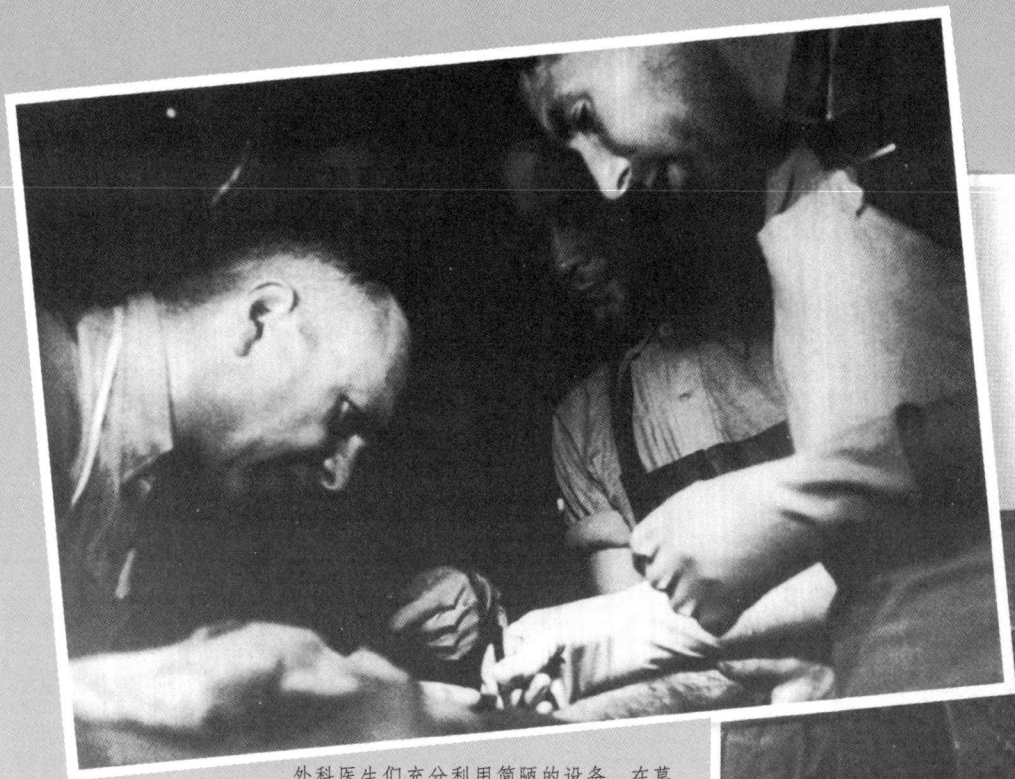

外科医生们充分利用简陋的设备，在莫斯科以西150英里的奥列尼诺的一个碉堡里实施手术。根据亨利奇的话："在取出碎骨的时候，用浸透氯仿的破布来麻醉病人。"

在苏联的一座公墓，粗糙的十字架刻在德军阵亡士兵的墓碑上，还有一些尸体躺在那里排队等候埋葬。亨利奇回忆："整个冬天，我们不得不挖开冰冻的土地来埋葬尸体。一场暴风雪过后，一些烈士的尸体掩盖在积雪下面根本找不到，只好被列在失踪人员的名单上。由于阵亡越来越惨重，大量的尸体就被匆匆忙忙埋在农村的墓地里。"

197师在撤退的路上纵火焚烧了一个村庄。亨利奇回忆起这次事件说，"敌人的大炮越来越猛烈，拉车的马受了惊吓，跳了起来。在一所房屋的墙旁边，一个士兵血肉模糊，快要死了。躺在他旁边的是已经牺牲了的战友。"

战士们打算发射一些没有杀伤力的手榴弹，这种手榴弹一经碰撞会弹出一个"安全通行证"。德军希望苏军在他们的威胁下能够投降，拿着这张通行证成为德国的俘虏。

苏联农夫加入197师与游击队对抗，图为他们面对镜头勇敢地
微笑着。许多苏联人愿意接受德军的食物、武器和军火反过来对付
起义军。

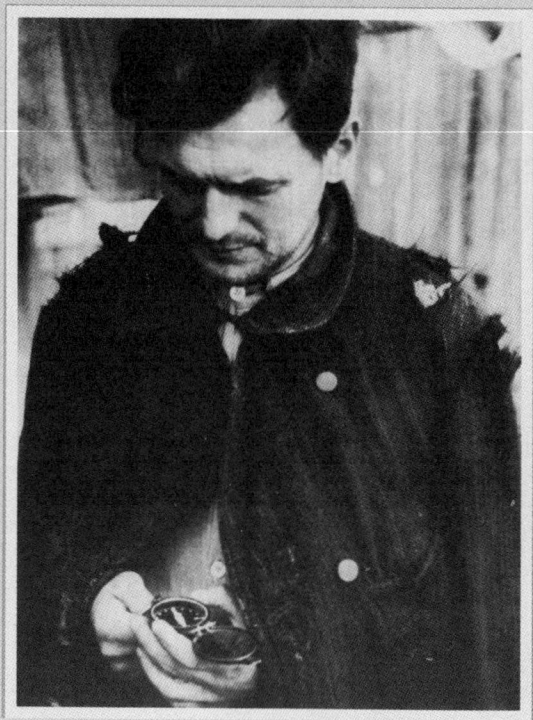

1944年6月在维捷布斯克之战中,一位失散的197军的士兵拿出指南针找寻回到德军阵地的路。为了不死在红军或是游击队的手里,他在长达几个星期的艰苦跋涉中脱掉了他的军装,穿着他从谷仓里找来的旧衣服。

苏联难民带着他们的行李和197军一起逃出维捷布斯克。德军强行赶走许多苏联人,以削弱苏军的兵力。但是,也有一些难民更害怕他们自己的非正规军,于是自愿加入撤退的行列。

3. 中心的塌陷

1944 年 6 月初的一天，中央集团军前线寂静的上空被一阵像缝纫机发出的"嗡嗡"声划破。苏军一架侦察机摇摇摆摆地在空中慢速飞行。警觉的高射炮手射中了这架轻敌的飞机，一名苏军飞行员被抓获。在他的随身物品中，审讯员发现一张手写的纸，从上面写的内容上德军可以很清楚地判断苏军夏天将会从什么地方发起进攻。

德军意外地获取了这么重要的信息，或许能够拯救东部前线日益恶化的局势。但是，令人难以置信的是，阿道夫·希特勒白白浪费了这次机会。他坚信斯大林瞄准了纳粹国防军的兵力，会向中央集团军南部区域进攻。

从那个苏军飞行员得来的情报，和从其他渠道获得的情报均与希特勒的判断截然相反，但希特勒却不以为然，因为这个情报不符合他自己对敌人意图的判断。此时的苏军队伍比以前任何时候都强大，更斗志昂扬，他们一切准备就绪，蓄势待发，而德军却日渐削弱，被元首的固执深深地困扰着，但求自保。因为希特勒的失误而付出的代价从来都没有像这一次这么惨重，这就是发生在 1944 年夏天东部前线的一场惊心动魄的战斗。

1944 年的春天，泥泞的大地阻止了苏军在南乌克

1944 年夏天，白俄罗斯，在苏军巴格拉季昂行动里对中央集团军一次来势凶猛的进攻中，一位排长被炸弹炸伤了，被他的战友们从战地医院抬出来。其中有一个头部也受伤了。形势如此紧迫，希特勒仍然坚守阵地的命令让德军伤亡惨重。

兰地区发动大规模的进攻。对于撤退的纳粹国防军来说实在是恰到好处。不过，到四月初，这一拖住苏军脚步的天然障碍就不复存在了。到目前为止，尽管希特勒仍然顽固地命令不准放弃任何一块土地，但是，自"巴巴罗萨"行动以来曾经占领的苏联的领土，几乎已经全都丧失了，而且，还失去了200多万名士兵。

德军只在两个地方仍占据着大量苏联的领土。沿着德军阵线的中心，一块大面积的突出部向东深入，直到第聂伯河，环绕整个白俄罗斯。这块阵地地势较低，有农场、森林和洼地，位于波罗的海和乌克兰之间。整个地区，包括660英里长的前线，在当时都被中央集团军占领着。陆军元帅京特·汉斯·冯·克鲁格在一次交通事故中严重受伤，集团军于去年10月起由陆军元帅恩斯特·布施负责指挥。

另外一块仍掌握在德军手里的土地是克里米亚半岛。在苏军无情的打击下，第17军仍坚守在这块宝贵的立脚的地方。去年秋天，苏军部队浩浩荡荡越过彼列科普地峡，切断了半岛上德军和乌克兰南方集团军的联络。彼列科普地峡是连接克里米亚和大陆的唯一通道。接着，苏军乌克兰第4方面军包围了被德军封锁的地区。这块地区斜插彼列科普地峡，穿越锡瓦什湖——又叫普里德海，是一个不流动的咸水湖，岸边崎岖不平，蜿蜒在彼列科普地峡的东岸线。而且，苏军还在克里米亚北岸线建立了几个小的滩头阵地。差不多与此同时，安德烈·叶廖缅科率领的独立海上部队（前北高加索方面军）从库班半岛越过刻赤海峡，在克里米亚最东部也建立了滩头阵地。第17军生死攸关。

第17军的司令员埃尔文·雅内克将军早已预料到即将到来的危险，并做好了撤退的准备。毫无疑问，希特勒肯定是不同意的。他认为，绝对有理由相信克里米亚提供了一个非常关键的保护伞，帮助德国海军在黑海作战，并能够保卫巴尔干和普洛耶什蒂地区的石油基地。另外，他还说，撤退将会引起政治上的失控，有可能将原本保持中立的土耳其推向敌人的怀抱。"有两样东西是至关重要的，那就是罗马尼亚的石油和土耳其的铬矿，"他解释道，"如果放弃克里米亚的话，我们就同时失去了这两样。"

于是，第17军按兵不动。150000名士兵，共6个德军师和7个罗马尼亚师，在纳粹空军作战部队的支援下，开始挖掘地道，为冬天做准备。每月高达50000吨的物资供应由海军护航舰运送到这里。一种平静安稳的假象掩藏着渐渐逼近的灾难，给指挥部带来一种不现实的感觉。"克里米亚就像一个置身于暴风雨之外的小岛，"汉斯·瑞普里赤特·汗瑟尔上校这样写道。工兵部队被派去装修长官们住的营房，把房间里面按照德国传统的乡村风格重新装饰一新。

但是德军也不能对苏军的大规模集中漠然置之。苏军的三支部队聚集在连接大陆的通道上，共有470000

在这张 1943 年的海报上,一个刚毅的苏军战士跨过德兵的尸体前进,写着"将希特勒主义者赶出去"。这种海报目的是鼓舞苏联人民起来反抗德军。

右图:在塞瓦斯托波尔,三名德兵举起手投降,在苏联士兵的监视下顺从地走向牢房。

下图:这张空中拍摄的照片拍下了塞瓦斯托波尔在 1944 年 5 月被苏联重新占领时一片狼藉的景象。德军在 1942 年夺得克里米亚半岛的时候毁坏了大部分的地区。

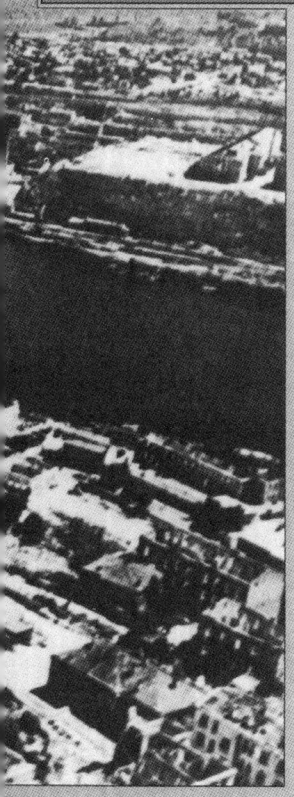

人，还有 560 辆坦克和突击炮，以及 1200 架飞机。雅内克利用各种方法加固德军的防线，在彼列科普地峡修建了第二道防线，包括战壕、雷区和有铁蒺藜的铁丝网。他还安排了格奈泽瑙防线以备撤退之用。这儿距离塞瓦斯托波尔要塞不足 30 英里，在克里米亚半岛的最南角。而且，他不顾希特勒是否反对，还草拟了应急计划"鹰行动"，即阶段性地将全部军队先撤退至塞瓦斯托波尔，然后再继续由海上撤退。雅内克预计第一阶段的撤退需要一个星期的时间，而他的军队在塞瓦斯托波尔还能支撑三个星期，所以，应该有充足的时间撤出所有的部队。

4 月初，乌克兰南方集团军新任司令员费迪南德·舍尔纳上将，到克里米亚来了个突击大检查。作为希特勒的心腹，舍尔纳残酷、专横、好斗。他在 4 月 7 日向陆军总司令部汇报说，克里米亚能够支撑"很长时间"，而这正是希特勒期望听到的。

事实很快证明舍尔纳的预测大错特错。就在第二天上午，苏军就发起进攻。乌克兰第4方面军的两支部队在费多尔·托尔布欣上将的指挥下，迅速扑向彼列科普地峡，越过锡瓦什湖。德军寡不敌众，在彼列科普地峡只守住了24个小时就崩溃了。苏军的又一轮进攻从东边开始，此时，独立海上部队正从滩头阵地向西沿着刻赤半岛前进。德军在这里的防线更是脆弱，撤退的炮兵部队甚至几乎没有时间破坏他们的大炮，以防止其落在敌人的手里。

德军一直撤退到格奈泽瑙防线。舍尔纳原先估计他们在这里可以坚守4个星期，但是，苏军足足有27个师的兵力，如入无人之地。4月12日，苏军突破了这道防线；4天以后，德军断后的几支部队也跟跟跄跄地撤退到塞瓦斯托波尔。苏军紧追其后。

到目前为止，德军上上下下都已经明白，他们已经失去了克里米亚半岛。这时，舍尔纳却来了个180度的

在塞瓦斯托波尔以西的赫尔松海角（苏联乌克兰南部港市），希特勒在克里米亚半岛的驻军弃置的大批钢盔和来复枪"目睹"了苏军的胜利。5月9日，苏军攻入塞瓦斯托波尔，65000名德军部队逃往赫尔松海角，但是，在救援无望的情况下最终还是被包围了。

大转弯，给希特勒施加压力，要求允许第 17 军立即全面撤退。而且还擅自安排了一艘护航舰，将一些后勤部队、罗马尼亚部队，以及越来越多的伤病员运送出去。但是，希特勒什么都听不进去。就在苏军攻克格奈泽瑙防线的同一天，他还下达了一道命令："无论如何都要守住塞瓦斯托波尔，任何部队都不许撤退。"

这道命令等于是判了死刑。第 17 军伤亡惨重，大伤元气。到了 4 月 18 日，只剩下 121433 名士兵。而其中受过训练的作战部队总共只有 25000 人，相当于 5 个团的兵力。另外，重型作战武器也极其匮乏。苏军原来留下的的碉堡和防御工事早已老化，开始倒塌。而山的那一边就是源源不断，永远都不见少的苏联军队，而且随时都可能发动进攻。

舍尔纳飞往希特勒在伯格霍夫的战地指挥部，希望他能改变主意，同意进行全面撤退。不出意料，希特勒给出的依然是否定的回答。希特勒曾承诺会派兵增援，但结果只派来了 4 个新兵营，于是，被召集过来充当参谋的雅内克公开站出来反对希特勒的指示。于是，希特勒罢免了他的职务，并委任 V 军团司令员卡尔·阿尔门丁格尔上将接替他。

苏军对塞瓦斯托波尔的进攻于 5 月 5 日早晨 9 点半开始，动用了 5 个步兵师从城北地区开始。这里的地势较为平坦，是发起进攻的最佳选择。德军在这里也重兵把守，但这一切似乎都是徒劳。2 天之后，苏军在防守较弱的城东和城南发动了大规模的炮轰行动，然后整整两个军团以排山倒海之势破兵而入。天黑的时候，苏军已经攻破了几处防线，并占领了赛邦高地。赛邦高地具有重要的战略地位，从这里可以纵览整个战场的局势。第二天早上，苏军开始了攻城之战。

希特勒不得不面对现实。在舍尔纳的要求下，他于5月8日夜晚命令军队撤出塞瓦斯托波尔。大多数非作战人员早已撤出，其余的64700名士兵先撤退到克里米亚最西边赫尔松海角附近的一个防御地带，等待船只将他们送到罗马尼亚和其他安全的地方。

接下来的一天半时间里，德军的这些幸存者龟缩在赫尔松的滩头阵地上，以躲避苏军一波又一波的地面轰炸，还有重型大炮发射的660磅重的雨点般密集的炸弹，以及呼啸而来的战斗机。5月9日，纳粹最后一架飞机从赫尔松被大炮轰得坑坑洼洼的跑道上起飞了，前往罗马尼亚，看来，救援船只不可能再指望空军部队的掩护了。

可是，救援的船只迟迟不到。终于，"托蒂拉"和"特加"两只海军运输船于5月10日黎明前出现在远离赫尔松岸边的地方。两艘船只接下来的遭遇预演了德军即将面临的惨境。为了避开苏军的大炮，两只船停靠在离岸几英里的地方，等着渡船将士兵送过来。其中4000名士兵被送上了"托蒂拉"，5000名士兵被送上了"特加"。太阳快要升起的时候，两艘船朝着罗马尼亚方向驶去。就在这时，苏军的飞机向密密麻麻挤满了人的"托

希特勒实行"巴巴罗萨"行动3年以后，苏军于1944年6月22日在白俄罗斯开始对德军陆军元帅恩斯特·布施率领下的50万中央集团军开始了反击。红军共聚集了120万人马以及4000辆坦克和6000架飞机。以德军司令部所在城市明斯克为目标，苏军在5天的时间里逼近95英里，德军共损失3个师，20万名士兵死伤。到7月中旬，德军伤亡惨重，被逼到了波兰。光是在波布鲁斯科和明斯克，第9军就损失了75000人。接着，愈战愈勇的红军开始了攻打德国北方集团军的计划。8月1日，苏军到达里加湾（在拉脱维亚北岸和爱沙尼亚西南岸之间），成功地切断了北方集团军。到了8月中旬，苏军在维斯瓦河（波兰中部）严阵以待。

红军西行

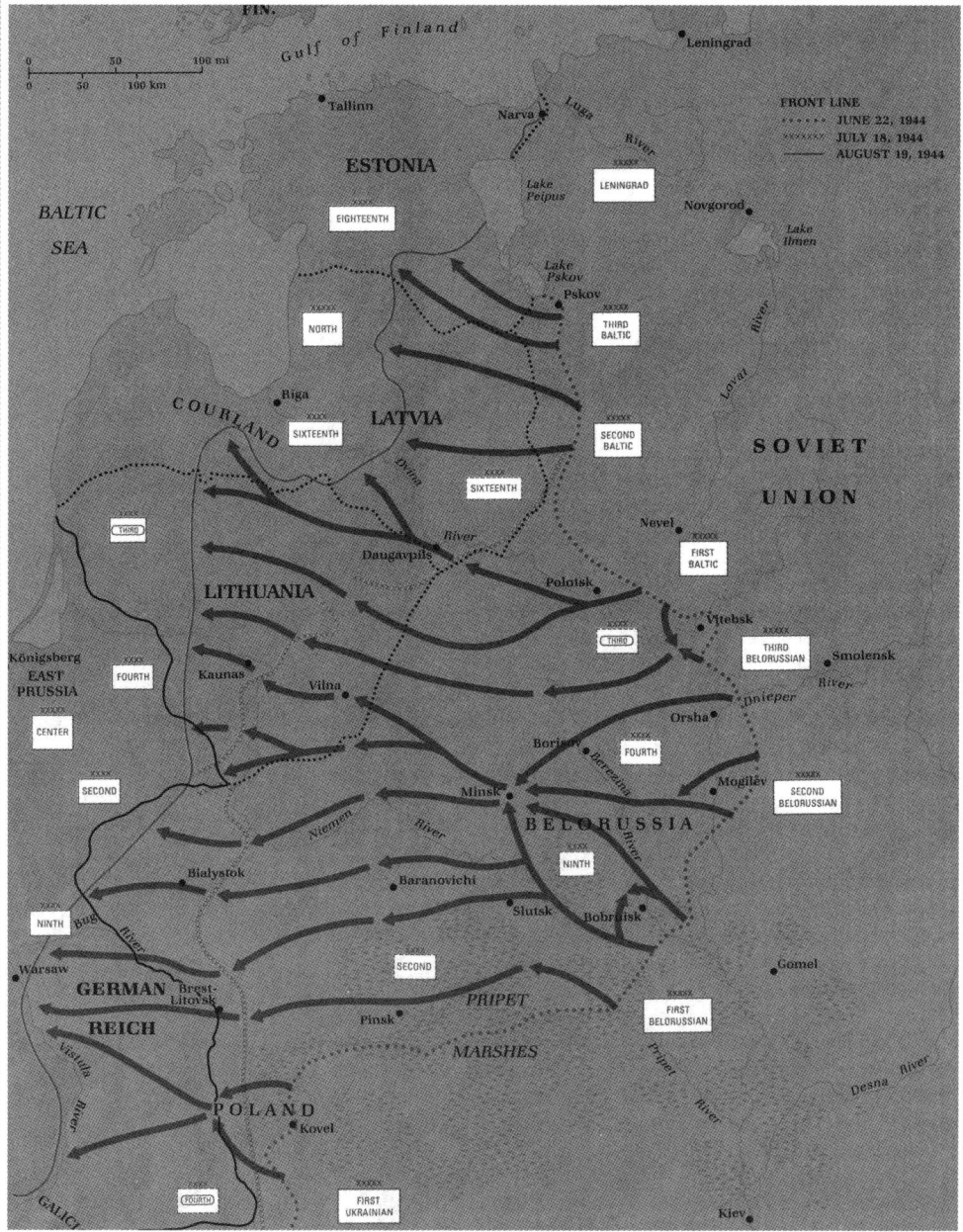

蒂拉"扔下三枚炸弹，顿时，整只船燃烧起来。几个小时过后，船沉了。另外，苏军一枚鱼雷击中"特加"，该船随之沉入了海底。只有几百人爬上救生艇获救，还有一些人自己游回岸边。这次，共有8000人丧生。

一连串的不幸降临在这些前往赫尔松的护航舰身上。黑海刮起的强风将日程推迟了一天。5月11日夜里，当船只最终到达海岸线附近的时候，指挥船和其他舰队之间的无线电通讯出现了故障，根本无法顺利靠岸。更糟糕的是，许多船只根本无法找到靠岸的方向。而且，苏军引爆了烟雾弹，大多数靠岸地点都笼罩着一层像雾一样的化学气体。这些烟雾弹早在几个月以前就安装了，是海岸线防御系统的组成部分。

有几只船在当晚穿过层层烟雾，在黑夜的掩护下，救出了差不多一半的士兵。但是，当护航舰队天亮时分驶向大海的时候，仍有许多船是空的。剩下的大约26700名士兵被留在了沙滩上，要么在毫无指望的战斗中丧生，要么在苏军的监狱里度过余生。在35天的克里米亚保卫战中，近10万名德国士兵和罗马尼亚士兵付出了生命。第17军从此不再存在了。

与克里米亚大溃败相比，白俄罗斯以北600英里处中央集团军的形势看起来相对安全。去年夏天，大败库尔斯克之后，中央集团军继续向第聂伯河上游撤退，布施的阵线从此以后几乎没有动摇过。在其左翼部队第3装甲军的保护下，中央集团军包围了坚不可摧的维捷布斯克，距离莫斯科不到 300 英里。然后继续向南前进，到达一片宽阔的弧形地区，其中心是一个 80 英里宽的桥头阵地，位于第聂伯河的东岸，由第 4 军占领着。阵线从弧形地区最右端向西朝着第聂伯河支流普利佩特河方向折回，穿过一片地势较低的区域，由第 9 军负责把守。

整个阵线到这里戛然而止。再往前就是一望无际的普利佩特沼泽地了。这片沼泽地和比利时差不多的面积，位于白俄罗斯和乌克兰交界处。除了几条相距很远的东西方向的公路以外，沼泽地里大多数情形下都无法通行。苏军也不可能大规模地穿过这片沼泽，从南侧袭击中央集团军的右翼部队。由德军和匈牙利军队联合组成的第 2 军，负责把守这个地区，并向西沿着普利佩特河上游前进 250 英里，直到科韦利，与乌克兰北方集团军会合。

中央集团军的地盘非常辽阔，差不多有 25 万平方公里。为了守住它，布施比东部前线上任何一位将军指挥的兵力都要多：共 42 个步兵师，6 个装甲和掷弹兵师，5 个安全师——通常负责后方安全，以及对付游击队——和 3 个独立旅，总共将近 700000 兵力。尽管如此，由于整条战线铺得极长，所以，每个师都必须负责 15 英里长的战线，几乎是可接受最大限度的 4 倍。但是，大家都认为这里不需要重兵把守，至少现在不需要。

中央集团军想当然地认为苏军将会在夏天发起进攻。所以，在天气转暖，泥泞的大地变干以后，纳粹德军积极准备迎战，把所有的注意力都转向了南面的加利西亚。加利西亚位于乌克兰西北角普利佩特沼泽和喀尔巴阡山脉之间，如果被苏军占领的话，对德军来说将导致灾难性的后果。因为这样一来，苏军将会继续向南朝着巴尔干方向前进，并有望占领具有战略地位的巴尔干地区，这里富含石油矿藏。苏军也许会转向北方，直逼波兰，横扫华沙，直到东普鲁士和波罗的海海岸线，距离华沙只有 280 英里。

这正中希特勒下怀。预计苏军将会从加利西亚侧面进攻正是希特勒一个大胆的决策性的赌注。为保险起见，他将中央集团军的 L Ⅵ装甲军团调遣至陆军元帅沃尔特·莫德尔手下的乌克兰北方集团军。一下子，布施就减少了 15％的兵力，1/3 的重型大炮，一半的反坦克驱逐车和 88％的坦克。虽然战线也随之稍微缩短了——一小部分阵地转由莫德尔镇守——但还是无法弥补兵力减少带来的损失。其余的作战部队差不多都去挖战壕了，最后，布施只剩下两个步兵师作为后备军，以防止敌军的突然袭击。

虽然布施没有抱怨希特勒调走了他的军队，但是却飞到希特勒的司令部，建议应该进一步缩短战线，向西往更容易把守的地区进行战略性的撤退。希特勒的反应极其冷淡，并申明必须坚守每一寸土地。即便是小规模的战术撤退，即所有东线将领都竭力主张的运动防御，也不被允许。

游击队之战

德国士兵在路旁放置了威胁游击队的警告牌，并告诫司机为安全起见，要结伴同行。

　　1944 年春天，中央集团军与红军交战的同时，在后方受到苏联游击队的追击。自从 1941 年入侵苏联以来，德军就遭到游击队的骚扰，到了 1943 年，这支非正规军已经壮大到 200,000 人。他们主要在白俄罗斯活动，这里茂密的森林和沼泽地为他们提供了很好的保护。开始，他们的武器来自苏军废弃的弹药库，后来红军空降提供武器。就这样，这么一群由农民、共产党和落伍红军组成的非正规军不时地对这个地区不多的几条公路和铁路线进行破坏，中断了德军驻地的供给，而且，在一次德军前线十分紧急的时候，将其增援部队困在后方，无法前进。

　　战争初期，游击队的破坏行动不是很频繁。几支人马分散在整个地区，选择目标的时候很保守，往往不是那些具有战略价值的重要地区。但是很快，红军开始支持游击队的活动，并派出军官对他们进行训练，让游击作战与苏军的军事行动形成协同配合。德军并没有把早期的游击队当回事，认为他们不会长久，但是，由红军在背后操纵的训练有素的行动可不是装备不全、人手不够的德军后方部队所能够对付得了的。为了彻底打击游击队，德军采取了恐怖行动。这是一个长期有效的命令，即游击队每杀死一个德国士兵，他们就杀死 100 个苏联老百姓。但是这个恐怖行动却失败了。大部分本来对战争漠不关心的苏联农民被德军的报复行动激怒了，也加入了游击队的行列。骚扰行动仍在继续，大大阻碍了德军的撤退，并严重打击了早已弹精竭虑的军队的士气。

（左图）德军一
辆供给火车遭到游击
队的埋伏冲出了铁
轨，图为位于库尔斯
克附近堤岸上的摔碎
了的车身。1944 年仅
一个月的时间，游击
队的爆炸行动就摧毁
了 237 辆机车，824
辆火车。

上图：荷枪实弹的德军安全小组在乌克兰
的一条铁路线上巡逻。为了防止游击队利用树
林和草丛作为掩护，德军照例要把这些都砍掉。
游击队只好在夜幕中埋下地雷。

下图：在游击队
的一次袭击中，德军
正把一辆开不动的汽
车从燃烧的建筑中推
开。不知道下一次袭
击将会发生在何时何
地，疲于战争的德军
绷紧了每一根神经。
"星期天，一辆车在
军官俱乐部附近爆炸
了，"一名士兵在给
家里的信中写道，"街
上许多德国兵都被角
落里射出的子弹击中
了。我也受伤了。"

左图：德军一个安全巡逻兵袭击了一户住宅，赶出一个游击队嫌疑犯。由于游击队经常埋伏在谷仓和农民的家里，所以，为了保证安全，有一个反游击队专门小组走在德军供给护送车的前面，对沿线的房屋进行搜查，并盘问住在里面的人。

下图：在明斯克，游击队嫌疑分子被德军吊在临时的绞刑架上。其中一个人的脖子上挂了一块牌子，上面用德文和俄文写着："我们是游击队员，我们杀了德国人。"德军滥杀无辜，甚至连孩子都不放过的行径，不但没有让苏联人民退缩，反而让他们加入游击队的行列。

前线后方几个城镇尤其强调了这样的强制性命令。3 月份，希特勒颁布了一道命令，一些重要的物资供应和交通枢纽要塞城市必须加强防守，一定要坚守到底。万一苏军开始突破的话，这些要塞城市将成为牵制敌人的重要砝码；而且，如果德军将来进行反扑，这些要塞城市将是很好的起点。

这样的要塞城市有 5 个是在中央集团军的控制下，分别是：斯卢茨克、波布鲁斯科、莫吉廖夫、奥尔沙和维捷布斯克。还有一个是波洛茨克，位于北方集团军辖区内。希特勒为每一个地方都派了足足一个师的兵力，特别地，给维捷布斯克派了 4 个师。如此一来，前线的兵力就更少了。

布施还有一个头疼的问题就是，德军物资供应和交通沿线所遭到的严重骚扰。自从 1941 年纳粹德军飞扬跋扈地驶过白俄罗斯进军莫斯科以后，苏联的一些抵抗力量就聚集在该地区的森林和小路上。其中有一些是在战斗中和所属部队走散了，被困在德军防线上的红军战士。很快，为了躲避纳粹大屠杀的一些政府工作人员和共产党员也加入到这支队伍中来。到 1943 年夏末，白俄罗斯地区的游击队发展到 20 万人。铁路线、公路、电话线以及物资存储站，所有这些都是他们游击战的目标。

德军对游击队进行了迅速而且残酷的镇压，但效果却不怎么样。情报安全部门的扫荡小组不放过任何一位稍有嫌疑的村民，但适得其反，此举促使更多的人加入了游击队。虽然德军动用了几个师的兵力对他们的根据地进行报复性的扫荡，但是游击队的突袭仍时有发生。

在游击队猖獗的地区，德军的日子一点也不好过。沼泽地中坚硬的地方极有可能隐藏着木制的地雷，金属探测仪根本发现不了，但是其威力却足以把人炸得底朝天。随时随地，旁边的灌木丛中都可能有来复枪瞄准了你。"在苏联最可怕的事情就是虱子和狙击手，"一位德军战士给家里人写的信上说。

虽然如此，但是苏联游击队却从来没有成功切断过中央集团军的物资供应和交通线路。整个冬天直到1944年春天，火车一直都在运行。但是，突然之间，他们的袭击猛烈起来。6月19日夜里，突如其来的爆炸声沿着铁路线从白俄罗斯的一端传向另一端，足足有10500次。铁轨被炸弯，路基也炸塌了，通信线路被切断，火车厢也被炸得粉碎。接下来的24个小时中，所有的火车都不能动弹。后来的三天里，根据游击队自己的统计，又有147列火车被炸毁了。毫无疑问，苏军一场大规模的行动即将开始。

中央集团军前线上种种迹象也表明苏军将掀起进一步的行动。近一个星期的时间，集团军陆军情报部队都在侦察敌军骤然增加的兵力，包括几百个新的炮兵连，和以营为规模的坦克部队以及步兵师。苏军在整条战线挑起交火，似乎是在试探德军的兵力分布情况。

但是，德军后方陆军总司令部此时却表现得出乎意

由于缺乏在东部前线的作战经验，中央集团军总指挥，陆军元帅恩斯特·布施总是对希特勒唯命是从，盲目地坚持其"死守阵地"的原则。布施拒绝了他手下一位将军撤退的要求后，这位军官大怒："集团军指挥层完全没有自己的主见，充其量只不过是在执行命令的传声筒罢了。"

料的冷静。参谋部相信，苏军对中央集团军的进攻在他们预料之中，这不过是苏军声东击西的小把戏，苏军想要借此分散德军对主要进攻地点——南面阵线——的注意力。他们还推断，苏军的目的是想困住布施的部队。这样，在他们攻打加利西亚的时候，布施的军队就不可能前去支援了。而且，海陆空三军总参谋长、陆军元帅威廉·凯特尔在 6 月 20 日的简报上说，斯大林不可能挪动半步，除非盟军扩大他们在法国的根据地。早在两个星期以前，盟军在诺曼底大规模登陆。

从前线传来的消息更加令人悲观。6 月 22 日，汉斯·乔丹上将在他的战斗日志中记录了当时的感受："第 9 军濒临一场艰巨的战斗，无法预见这场战斗的规模和持续的时间。但是，敌军来势凶猛，实力非常强大。"乔丹继续写道，希特勒命令他们必须坚守阵地，他们接下来的日子肯定很难熬。他已经看到了战斗的结果，"无尽的痛苦"。

但是还未等乔丹细想，战斗就已经打响了。战斗开

135

始的那天，正是希特勒入侵苏联的三周年纪念日。苏军
在集团军左翼部队第 3 坦克军守卫的阵线上冲锋陷阵，
以迅雷不及掩耳之势向德军防线包围过去。

攻打白俄罗斯的计划在斯大林的桌子上已经躺了好
几个月。德军的这块突出部对苏军来说是个令人讨厌的
障碍，因为它会对任何从南部向波兰的进军构成威胁。
同时，这块突出部不规则的形状及其暴露的双翼，对苏
军来说无疑是一个诱惑。斯大林将进攻计划移交给他的

两名高级将领，亚历山大·华西列夫斯基和格奥尔吉·朱可夫上将。5 月中旬，整个执行计划密谋完毕。

苏军计划由 4 支部队相互配合，在 48 小时的时间里攻入这块突出部。在北部，由华西列夫斯基指挥波罗的海沿岸第 1 方面军和白俄罗斯第 3 方面军展开进攻，首先沿着德维纳河攻打德军左翼部队，再从波洛茨克向南，从维捷布斯克向东挺进，包围德军第 3 装甲军。第 2 支部队是朱可夫率领的白俄罗斯第 2 方面军，向中部展开行动，攻打德军第 4 军在第聂伯河的桥头阵地，并将他们赶到河的另一边，再攻下要塞城市莫吉廖夫。接着，行动进入第三阶段，还是由朱可夫带领白俄罗斯第 1 方面军，从南部普利佩特沼泽的边缘开始行动，包围德军，在波布鲁斯科形成两面夹击的态势。最后，苏军向西形成两个大的包围圈，并于德军司令部所在地明斯克合拢，将中央集团军残余部队一举歼灭。

为了粉碎占领苏联领土的入侵者，苏军的进攻有着深厚的历史背景，那就是斯拉夫人的荣誉感和爱国主义精神。这次行动的代号为"巴格拉季昂"，就是为了纪念普林斯·彼得·巴格拉季昂将军。这位俄国英雄在一个世纪以前，为了保卫祖国，抵抗拿破仑入侵，在博罗季诺战役中献出了自己的生命。

几个星期以前，在德军防线的对面，苏军聚集了整整 166 个师的兵力，除去行政人员和勤杂兵以外，共有大约 125 万名战士。用来支援这次进攻的还有 2700 辆

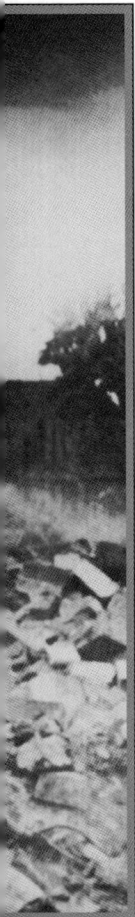

在清晨的薄暮中，三位妇女站在斯摩棱斯克（苏联西部城市）附近的废墟中。斯摩棱斯克位于莫斯科西南大约 200 英里处。到 1944 年夏天为止，经过苏德 3 年之间几乎连续不断的战争，西俄罗斯的大部分地区都变成了一堆瓦砾。

坦克，1300 门自推式大炮，24000 门野战炮和重型迫击炮，以及 2300 架喀秋莎火箭炮。另外，还有 5300 架轻型轰炸机和地面作战飞机展开空中进攻。

苏军兵力大大超过了德军，其中，作战部队是德军的 2.5 倍，还有几乎 3 倍的大炮和迫击炮，4 倍多的坦克。再者，德军的飞机燃油有限，并且，希特勒还抽出一部分战斗机前往西部战场，所以，苏军的空中作战能力也具有绝对的优势。在战斗打响的那天，中央集团军 100 名轰炸机飞行员可用的战斗机只有 40 架。

进攻在天亮之前揭开序幕。10000 枚大炮和火箭炮发射器，瞄准第 3 装甲军防线的重要位置开始疯狂的射击。1000 架重型轰炸机朝着维捷布斯克投下雨点般的炸弹。接着，第一波步兵出现了——现在，苏军不再像以前那样使用人海战术，而是集中火力，沿着维捷布斯克西北方向第 3 装甲军Ⅳ军团的防线，猛攻在战术上具有重要地位的地点。德军对这种战术上的改变很长时间都无法适应，因而误判了情势，认为和以前一样，苏军只不过是试探性的小打小闹，根本谈不上是真正的进攻，充其量是一场所谓的火力侦察。

但是事实并非如此。紧跟在先头部队后面的步兵师，在浓浓的弹幕中前进，再后面就是轰隆隆的坦克部队。空中，苏军的飞机呼啸着狂轰滥炸，道路、桥梁、碉堡、战地指挥部以及德军部队都是它们的目标。在战斗的第一天，苏军共轰炸Ⅳ军团 381 架次；第二天，又增

一名德军从战壕里慢慢爬出来。战壕位于白俄罗斯普利佩特河（在苏联西部，第聂伯河右岸支流）沼泽地区泥泞的土地上。德军总认为这片沼泽是无法逾越的，所以在苏军从那个地区进攻的时候，他们猝不及防，全无还手之力。

加了几百架次。在这以前，苏军的空中作战从来都没有占过优势，而德军对此也缺乏充足的准备。德军的大炮被安置在战线附近毫无遮拦的炮台上，损失十分惨重。

布施匆匆忙忙赶回阵地，虽然他 6 月 22 日在伯格霍夫的时候本来希望能够见上希特勒一面。他刚一到达阵地，第 3 装甲军司令员乔治·汉斯·赖恩哈特将军就要求对 IX 军团进行战略性调整。这个问题应该由希特勒亲自回答。虽然没有像希特勒那样咆哮，但是布施还是斩钉截铁地拒绝了，"一旦开始撤退，我们将一败涂地。"

在白俄罗斯之战滚滚的硝烟中，两名德装甲部队的士兵稍事休整，停下来喝水。挂着军用水壶的那个士兵带着袖章，那是他只身摧毁了敌军一辆坦克而获得的奖励。

此时，第 3 装甲军早已在苦苦挣扎。这是一支没有装甲车的装甲部队，和其他许多军队一样，早已在东部战线第 3 个年头的战争中损失了大部分的兵力。6 月 23 日傍晚时分，在伊凡·巴格拉米扬将军率领的波罗的海沿岸第 1 方面军的重挫下，IX 军团已经向后撤退 50 英里，到达德维纳河。伊万·切尔尼亚霍夫斯基将军指挥的白俄罗斯第 3 方面军沿着德维纳河和第聂伯河之间的

高地向右侧的 VI 军团发起猛攻。德军防线摇摇欲坠。最终，倍受打击的要塞城市维捷布斯克被包围，只剩下窄窄的 12 英里宽的通道与西面的德军相连。

布施中心部队的形势也不容乐观。6 月 23 日早晨，苏军向第聂伯河桥头阵地库尔特·冯·蒂佩尔斯基希将军的第 4 军开火，持续了 3 个小时，火力之猛烈前所未有。很快，苏军坦克部队在莫吉廖夫以东，XXXIX 装甲师驻守的地区攻破了一个很大的缺口。唯一的后备军，"统帅堂"装甲掷弹兵师接到布施的命令后，迅速向东前进以堵住这个缺口。当司令员弗里德里希 - 卡尔·冯·斯特恩凯勒少将向军团司令部汇报的时候，受到了冷遇。"你到底知不知道去堵哪一个缺口？"军团司令员罗伯特·马丁内克将军质问他，"我们一无所获，缺口还是没有堵住。"

在接下来的一天半时间里，第 4 军的形势日趋恶化。其左翼部队本来应该驻守在奥尔沙要塞，但事实上却在向后方奋战。其中间部队 XXXIX 装甲军团已经不堪一击，正沿着由于下雨而满是泥泞且拥堵不堪的道路撤退，而且还要抵挡苏军的坦克和飞机的袭击。25 日夜晚，斯特恩凯勒和他的部队终于脱险。"我们成功地在莫吉廖夫跨过第聂伯河，更多的是靠运气，而不是我指挥得力。"他后来回忆道。

此时，苏军已经开始第三阶段的计划，即向位于普利佩特沼泽地边缘乔丹指挥的第 9 军展开进攻。到目前为止，这片沼泽地仍是一道天然的屏障，所以，乔丹将兵力主要集中在北部干燥的地区，守卫通向波布鲁斯科要塞的铁路和公路。但是没料到，苏军正穿行在沼泽地和灌木丛中，开始了一场惊天动地的艰苦行军。

几个星期以前，白俄罗斯第1方面军指挥官康斯坦丁·罗科索夫斯基上将亲自考察了前方的地形，制订主攻路线。后来决定从两个不同的方向攻打德军，其中一支部队从第聂伯河苏军自己的桥头阵地向西进军；另外一支穿过沼泽地从南边直逼德军阵地。而且，他们为这次行动做了很多准备，在普利佩特沼泽地和森林中专门为坦克和大炮秘密修建了近200条小道。夜间巡逻兵拆除了德军布下的34000枚地雷。另外，被俘获的德军俘虏，供出许多有关第9军兵力和布局的颇有价值的情报。

两个小时的炮轰过后，苏军第一轮进攻部队于6月24日凌晨6点开始行动。在战线的北部地区，苏军第聂伯河桥头阵地的对面，第9军XXXV军团岿然不动。苏军部队没有想到地面会如此泥泞，被困在德鲁季河岸边。德鲁季河是第聂伯河的一个支流，就在苏军桥头阵地边上。

沼泽地的南边又是另一番景象。这里的一片沼泽地，绵延500码，把守在这里的XLI装甲军团以为这片泥泞足以抵挡苏军。但是，苏军在沼泽地里用树干和树枝铺设了可供坦克通过的临时道路，给步兵配备了用柳叶编织的滑雪橇似的鞋套，担任先锋的第65军就这样穿过沼泽，蜂拥而入。午后时分，XLI 装甲军团不得不放弃前线战壕，迅速向后撤退到一个 12 英里宽的弧形地区。

XLI 装甲军团不仅失去了防御的力量，而且装备也所剩无几，只剩下 2 支步兵师和一些笨重的、没什么用了的费迪南德反坦克炮。迅速补充力量也许能够挽救这种局面，而且也确实有一支后备军，即装备精良的第 20 装甲师，位于第 9 军左翼，守卫着贝尔齐纳河流域。但是，乔丹仍然坚持认为那里是最为脆弱的地区，决定让第 20 师原地不动。

第 21 装甲团下的第 2 加强营，是第 20 装甲师中最优秀的队伍之一。该营的 100 辆 IV 型坦克守卫在通往波布鲁斯科南北方向的公路旁。第 2 加强营的指挥官保尔·舍尔策少校发现苏军坦克正在穿越贝尔齐纳河，虽然他没有接到上级命令，但他还是果断命令其麾下的 3 个连队前往阻截。交火中，有一整支苏军坦克部队突破了舒尔策的拦截，继续往北突进。舒尔策

苏军监视着要塞城市维捷布斯克。苏军的一次快速包围一举歼灭了城内德军 4 个师的兵力。在这之前，希特勒命令他们要不惜一切代价守住这个城市。驻守在此的德军指挥官告诉苏军，"眼下发生的一切，责任不在我的部队，而在希特勒本人。"

留下大约 20 辆 Ⅳ 型坦克守卫在贝尔齐纳河畔，率领剩下的部队前往截击突入的苏军。

当乔丹意识到他面临的最大的危机是在南部战场的时候，已经太晚了。他试图挽回他的过失，不幸的是，他又犯了另外一个错误。舒尔策少校的精兵强将刚和苏军坦克部队交上火，乔丹就命令第 20 装甲师向南部普利佩特河进军，去支援的 XLⅠ 装甲军团。本来，这支后备军正与突进的苏军酣战，但是却被乔丹调往他处。如此一来，德军防线出现了真空地带，苏军抓住机会，长驱直入。整条战线一片混乱。"在我们从北向南行军的时候，"舒尔策这样汇报，"苏军粉碎并占领了我步军的制高点。在我们向第 9 军南部区域前进途中，只遇到了我们自己溃退的部队。"

当第 20 装甲师赶到的时候，整个战线已经支离破碎。被分割成许多块的 XLⅠ 装甲军团从不同的方向朝着波布鲁斯科撤退。最糟糕的是空战，苏军的飞机如鱼得水，第一天就进行了 3000 多架次的轰炸，炸毁了大量的坦克、炮台，将溃退的德军部队也炸得稀巴烂。第 9 军于顷刻之间崩溃，不再是一支团结一致的作战队伍。

往北 100 英里的地方，中央集团军左翼部队第 3 装甲军也同样是千疮百孔，正在以一种可怕的速度失去一块又一块的阵地。尽管形势日趋险恶，但是希特勒仍然命令第 3 装甲军必须坚守。希特勒固执地认为维捷布斯克是集团军左翼部队的基石，应该是保卫的重点。于是，在希特勒的指示下，第 3 装甲军 L Ⅲ 军团整整 4 个师的兵力由弗里德里希·戈尔维策将军负责指挥保卫维捷布斯克。这样一来，赖恩哈特三分之一还多的兵力全都集中困守在一个地方。剩下的另外两支部队 IX 和 Ⅵ 军团迅速向战线后方移动，这两支队伍的力量太弱小了，根本无法抵挡苏军的两面夹攻——波罗的海沿岸第 1 方面军从左边进攻，而白俄罗斯第 3 方面军从右边进攻。

德军统帅部本以为维捷布斯克的守卫部队将会牵制住苏军 30 个师的兵力，但是看来苏军根本就没有把它放在眼里。因为整整一天过去了，苏军部队一直在前进，维捷布斯克完好无损地矗立在德军主阵地以东 20 英里的地方。

赖恩哈特打算撤离维捷布斯克，趁现在还有一条通道和他的部队相连，虽然希特勒已经下达命令要"牢牢地守住"维捷布斯克。6 月 24 日，他打电话给总参谋长库尔特·蔡茨勒将军，请求撤退。"此时此刻，我们必须保存实力，"他这样解释，"撤退是脱离险境的唯一出路。我很害怕我们重蹈覆辙，撤退时早已'为时已晚'。"

蔡茨勒让他再等等，急忙去和希特勒商量此事。10 分钟以后，得到的回答是"元首决定必须坚守维捷布斯克"。

赖恩哈特刚放下电话，就被告知那条赖以逃生的通道已经遭到敌军的攻击。到了晚上，令他惊讶的是，他获悉希特勒直接下达命令给维捷布斯克的戈尔维策上将，允许 L Ⅲ 军团撤退，但是有一个很残酷的附加条件："必须留下一个师守卫维捷布斯克，这个师的司令员直接向我汇报。"戈尔维策面带难色地将这一生死未卜的"荣幸"交给第 206 步兵师。这支部队由阿尔方斯·希特尔中将率领，无疑，希特勒的命令等于是给他们判了死刑。

第二天一大早，戈尔维策开始安排另外三个师从那条通道撤退，但是，如同赖恩哈特预料的那样，一切已经太晚。苏军紧紧地包围了他们，将主力部队困在城的西部。苏军的大炮从郊区的石子马路开了进来，逃生的路被切断了。

接下来的两天里，重创之下的德军蜷缩在岌岌可危的维捷布斯克，承受着苏军的大炮和斯图莫维克对地攻击机的轰炸。在苏军两支部队——A.P.别洛博罗多夫上将率领的波罗的海沿岸第 1 方面军第 43 纵队和 I.I. 柳德尼科夫上将手下的白俄罗斯第 3 方面军第 39 纵队——的夹攻之下德军陷入困境。与此同时，希特勒通过无线电发来一连串指示，重申第 206 师的重任——"坚守维捷布斯克"。

好像这还不够似的，希特勒于 6 月 25 日决定，为了引起足够的重视，第 206 师应该收到一份书面命令，要他们奋战到底。而且，赖恩哈特司令部须空投一个参谋到维捷布斯克，将这份书面命令亲手交给第 206 师。赖恩哈特早已对希特勒的无理要求怒不可遏，这次更不

马车载着病残的德军战俘穿过明斯克，白俄罗斯共和国首都。早在6月初，苏军就粉碎了德军的抵抗，重新占领了明斯克。

愿意再牺牲一个人的生命。他给布施打电话，劈头盖脸地说："陆军元帅先生，请转告元首，只有一个人可以被派去空投这份命令，那就是我，军队的司令员。我已经做好准备接受这个任务。"听到赖恩哈特如此强硬，希特勒做了让步——至少一点点——允许206师自行决定何时撤退。

6月26日凌晨5点，戈尔维策再一次尝试突破。

大约8000名战士往西南方向突进了12英里。可是这时，他们的弹药不多了，苏军攻了上来，德军几乎全军覆没。

希特尔不顾希特勒的命令决定撤离，他觉得第206师受的罪已经够多了。当天夜里，其侦察兵发现苏军哨岗有一个缺口。于是，在他的带领下，德军从这个缺口逃跑，伤残士兵被安置在马车和一辆炮车上。但是走出不到10英里就被包围了。希特尔命令与敌军展开肉搏战。结果，大多数人都牺牲了，侥幸逃出的几个人在一片树林里躲了起来，但最终仍逃不过被包围的命运。

6月27日早晨，一切都结束了。苏军狂风暴雨般地攻入维捷布斯克，俘虏了剩下的德军。近20000具尸体横七竖八地躺在城市的废墟中以及周围的树林里。只有几个人逃回了德军阵地，向他们诉说206师的厄运。此时此刻，206师已经永远地消失了。

事实上，战线上其他要塞城市都承受着同样的压力。往南 130 英里，罗科索夫斯基的部队已经从西边和南边包围了波布鲁斯科，炸毁了贝尔齐纳河上的桥，切断了波布鲁斯科与外界所有的通路。苏军 10 个师的兵力不仅包围了整个城市，而且还包围了驻扎在东部乡村的大批德军。乔丹第 9 军的大部分人马就这样陷入敌人的天罗地网，约 70000 名士兵。

波布鲁斯科于 6 月 29 日失陷。接下来的 6 天里，在 XLⅠ 和 XXXV 装甲军团的掷弹兵、几辆坦克和 10 架突击炮的率领下，大约 30000 名士兵冲出苏军的包围圈，剩下的 40000 人要么牺牲了，要么成了苏军的俘虏。

在中央集团军所有的队伍当中，第 4 军坚持的时间是最长的。尽管其核心师团迅速地从第聂伯河桥头阵地

1944 年 7 月，红军战士在拉脱维亚叶尔加瓦大街上进行扫荡。粉碎了德中央集团军重新占领了白俄罗斯之后，红军转移注意力，要收复巴尔干地区，并切断北集团军到东普鲁士的通路。

撤走，而且其左翼部队也为了要和第 3 装甲军保持联系而进行了战术性的撤退，但是，它仍然成功地打退了苏军两支方面军的联合进攻。但是现在，它也有了麻烦。由于它两侧的部队都已溃退，所以其左右翼均暴露无遗。6 月 26 日，苏军第一波突击队开始跨越水流湍急的第聂伯河，这时，第 4 军司令员蒂佩尔斯基希公然违抗希特勒和布施"坚守阵地"的命令，开始了全面性撤退。

第 4 军驻守的地区有两个要塞城市，一个是北部的奥尔沙，另一个是南部的莫吉廖夫。即使是蒂佩尔斯基希也不敢违背希特勒的死命令，没有撤出这两个要塞城市的部队。于是，奥尔沙在 6 月 27 日失陷。此时，蒂佩尔斯基希还收到布施发来的消息命令他守住莫吉廖夫。第二天午夜时分，第 4 军接到希特勒的命令，允许他们撤出莫吉廖夫。从那时起，24 个小时里都没有收到城内发来的任何消息。

第 4 军驻扎在离莫吉廖夫西边 20 英里不到的德鲁季河沿线。但是，不久以后，被迫再次撤退。他们只有一条出逃的路线。在军队的后边，德鲁特河和贝尔齐纳河之间，有一片 40 英里宽的沼泽地和树林，有一条公路横跨其中。公路的尽头有一座很窄的桥，跨过贝尔齐纳河，另一端是一座与贝尔齐纳河同名的城镇。第 4 军唯一的出路就是沿着这条公路前进，再穿过这座窄窄的桥。

6 月 28 日一早，蒂佩尔斯基希就率军沿着那条马路出发，打算在贝尔齐纳建立新的司令部。这次行军一共花了 9 个小时，其间苏军的飞机对那座桥进行了 25 次之多的轰炸。虽然如此，蒂佩尔斯基希还是指挥大部分人马过了河。不幸的是，和中央集团军以前遭遇的许多次残酷的命运一样，这次撤退也已经太晚了。

苏军的双钳已经到达贝尔齐纳后方。在北部，从第 4 军左翼和第 3 装甲军残余部队之间的缺口，白俄罗斯第 3 方面军所属部队正迅速攻进贝尔齐纳河的另一个渡桥点鲍里索夫。而往南 60 英里处，白俄罗斯第 1 方面军正在向斯卢茨克进军，追击乔丹的第 9 军的剩余部队。苏军的双钳预计于下个星期在明斯克合拢。明斯克是白俄罗斯的首府，也是集团军司令部所在地——"巴格拉季昂"行动的首要目标。结果，第 4 军的大部分兵力以及第 9 军的残兵败将——至少 100000 人——将会被包围在明斯克东南部的"大口袋"里。

中央集团军前线的溃败震惊了最高统帅部。希特勒这时才明白，白俄罗斯——而不是加利西亚——才是斯大林夏日进攻的目标。他的第一反应就是要找一个替罪羊。他解除了乔丹第 9 军司令员的职务。布施也被革职，虽然他忠心耿耿地执行着希特勒每一道不切实际的命令。集团军新任司令员，陆军元帅沃尔特·莫德尔于 6 月 28 日接任。他拥有过人的资质和旺盛的精力——希特勒一向对他称赞有加——莫德尔立刻着手进行部队重组。他立即从乌克兰北方集团军调集部队赶往增援（此

时他仍保有乌克兰北方集团军的指挥权），同时，命令
部队转入运动防御状态。他的前任也曾多次提出应采用
这个灵活快速的战术，但从未得到批准。

然而，莫德尔即使使出浑身解数也无法阻止苏军的
扫荡。7月3日，红军如潮水一般涌进明斯克，刹那间，
德军部队撤退时留下的4000余枚地雷和铒雷掀起一片
火海。苏军却没有丝毫退缩，只是短暂停下补充燃料，
之后又继续向西进攻，攻打巴拉诺维奇和莫洛德奇诺两
座城市。莫德尔原本打算在这里建起临时的防线，但是
苏军行动如此之迅速，以至于莫德尔根本没有时间去布
置他那少得可怜的队伍。于是，他们只好再次向后撤退。

接下来的几个星期，德军残余部队一直在向后撤
退。赖恩哈特的第3装甲军现在只剩下IX一支军团了，
被迫撤退到立陶宛。瓦尔特·维斯将军手下的第2军，
虽然在此前苏军的攻势中躲过一劫，退守到普利佩特
沼泽地附近、波兰和苏联交界处的布列斯特－利托夫
斯克，但很快也被苏军攻破。苏军白俄罗斯第2方面军
没有继续向前追击，专心对付那些被困在明斯克城中的
100000名德军。最终，苏军共俘房57000名幸存下来
的德国士兵。7月17日，这群饥饿的衣衫褴褛的战犯
被带到莫斯科的大街上游行，以显示红军取得的大规模
胜利。

为期12天的"巴格拉季昂"行动中，苏军摧枯拉
朽地向前推进了125英里，并在德军东部战线打开了一

个 250 英里宽的缺口。大概有 350000 到 400000 名德国士兵在战争中牺牲、受伤或是失踪了。根据苏军自己的记录，他们共俘获 85000 名德军，包括 21 名将军，另外还有 9 名将军死于非命或是被迫自杀。德军最高统帅部的战争日志中这样记载，中央集团军的溃败"比斯大林格勒战役更加惨烈"。事实上，这是德军在整个战争中遭遇的最为血腥的一次歼灭战。

有一些德国士兵非常幸运地——当然也是极其艰难地——越过苏军的包围，重新回到自己的阵地。他们 20 或 30 个人一组——有时更少，也有的单独行动——白天潜伏在郊野中，夜里就悄悄地往西奔逃。这样的情况很多，粗略加起来竟有 10000 人之多。成群的游击队员在沼泽地和树林中四处搜索，目的都是为了将这一伙德军消灭。苏军想出一个办法，让会说德语的苏联士兵穿上被俘虏的纳粹兵的制服，出现在德军面前，假装是给那些走在后面的士兵带路，然后就把他们带到另外一个地方，把他们杀死。

官方对纳粹士兵的逃亡没有任何记录，这些故事都是从一些幸存者的叙述中拼凑起来的。有这样一个故事，约翰尼斯·迪尔科斯是第 20 装甲师 36 炮兵连的一名下士，在波布鲁斯科保卫战过后，发现自己一个人蜷缩在灌木丛中，除了手枪和一张地图以外，什么都没有。后来，他又遇到一位叫布里克修斯的下士和另外 4 个人。当天晚上，他们利用布里克修斯的一只罗盘，一起向西北方向前进。

随后的几个星期，这一小伙人开始了跨国界的长途跋涉。他们要躲避苏军的巡逻兵，靠在田野里拣拾麦粒为食，偶尔看到一家农舍，他们会夺门而入，抢食牛奶和面包。他们的主要食物是蓝莓——刚采下来的时候还是青的，在前进途中慢慢就变熟了。有一天，他们发现一支苏军正沿着公路向西前进，追击德军部队及其增援部队。他们躲在了沼泽地中，远远地能够听到苏军行动的沙沙声。后来，又有一些人加入了他们的队伍，是黑恩科尔手下溃败的轰炸小组的成员，隶属于火箭营。然后，他们一起继续赶路。

迪尔科斯决定向东普鲁士方向前进，那里是离他们最近的德国领土。于是，他们朝着现在已是波兰的方向前进，却误打误撞地来到了苏军陆军营地，遭到猛烈打击。其中有两个人严重受伤，但已经无暇顾及他们了。幸存的几个人继续往前走，来到苏军前线后方位于山腰上的一个炮兵掩体附近，而苏军的战壕就在前面不远的地方。迫击炮发射的炸弹在他们附近爆炸，烧红了的金属碎片洒落下来，显然，他们已经暴露了。每个人都增添了新的伤口，但都不致命。迪尔科斯决定再等一等，天黑的时候继续行动。

"我们是不是等到明天晚上再行动？"一个名叫鲍尔的士兵小声问道。

迪尔科斯点了点头："可以肯定的是，我们不可能回头了。"

就在迪尔科斯和他的同伴聚集最后一点力量和勇气准备一搏的时候，苏军一名哨兵发现了他们。迪尔科斯立刻拔出手枪将他击毙。然后，带着他的战友一起向前冲，苏军的迫击炮在他们身后猛烈开火。他们蹲伏着爬进了一个战壕——很幸运，战壕是空的——接着再使劲跑，直到德军自己的阵地，听到战友们欢迎他们归来的声音。

迪尔科斯和他的4位幸存的战友是在6月27日离开贝尔齐纳的，共经历了400英里的长途跋涉，历时49天。在从明斯克和波布鲁斯科逃跑出来的10000多名士兵中，只有800多人回到了德军驻地。

7月中旬，苏军夏日进攻行动的目标开始转移。此时，德军部队又从中部向波兰的维斯瓦河转进，于是，斯大林派兵向其两翼推进。普利佩特沼泽地南部，乌克兰第1方面军右翼部队横扫重兵把守的科韦利，继续向波兰方向进军。可怕的加利西亚之战终于爆发了。在北部，波罗的海沿岸第1方面军咆哮着经过崩溃的第3装甲军留下的缺口，向前越过拉脱维亚和立陶宛。

总参谋长蔡茨勒向希特勒指出，苏波罗的海沿岸第1方面军之所以越过立陶宛，其目的是想孤立北方集团军。所以北方集团军应该尽快撤退，蔡茨勒以罕见的勇气与希特勒争辩，但是希特勒没有同意。蔡茨勒提出辞职，这一招也未获批准，于是他告病假。希特勒因此发布了一个通告，禁止任军官擅自提出辞职。接着，他免除了蔡茨勒的职务，同时，指派海因茨·古德里安为新的总参谋长。古德里安擅长闪电战术，曾参加 1941 年的莫斯科之战。但是自从那年 12 月起就再也没有担任过任何指挥官职务。

与他的前任蔡茨勒一样，除了向其他指挥官们传达希特勒的命令以外，古德里安并无任何实际的权力。他大部分的任务仅限于起草一些鼓舞性的训令，比如"不论何时何地，我们必须迎接每一场战斗！"还有"进攻是最有效的防守！"等等。终于，7 月 23 日，他确确实实为舍尔纳将军的北方集团军策划了一场转移行动。古德里安本来希望英勇的舍尔纳部队能够遏制住苏军，让希特勒有充足的时间改变主意，同意撤出波罗的海。

有一阵子，舍尔纳看上去可能可以成功拖住苏军。苏军每一次进攻过后，他都能够率领越来越少的部队来一次反攻，或多或少地夺回一些失去的阵地。他用一种特别的手法来鼓舞士气。在给一位司令员通过无线电发送的一条讯息中，他说道："我们告诉陆军少将查尔斯·德·博利厄，英勇的表现将会给他自己以及他的军队重新带来荣誉，否则，将是一种耻辱。而且，他应该汇报有哪些指挥官由于怯懦而被枪毙或者将要被枪毙。"

但是，到了 8 月初，苏军还是包围了里加，并在图库姆斯村庄附近形成了楔形阵势。在一次战斗中，他们切断了北方集团军唯一一条供给路线。重新打通这条路线的重任不可推卸地落在了赖恩哈特第 3 装甲军的头上。第 3 装甲军经由立陶宛果断撤退，使它得以保存了一定的实力，而且，现在也重新补充了兵力。8 月 17 日，赖恩哈特率领 2 个旅，在里加海湾岸边的欧根亲王号巡洋舰的掩护下，在图库姆斯展开进攻。3 天后，德军重新夺回供给线，但是，这也是德军在苏联领土上的最后一个胜仗。

接下来的 4 个星期，苏军稍事休整，重新编排队伍，补充供给。被围困在拉脱维亚北部和爱沙尼亚的纳粹军队得以稍作喘息，给他们运送物资的卡车此时还可以畅通无阻地通过图库姆斯和里加。好景不长，9 月 14 日，在秋天的蒙蒙雾气中，苏军开始了新一轮的进攻。

这一次，苏军来势极其凶猛，无可抵挡——12 支军队形成 300 英里长的阵线，紧跟着的是轰隆隆的炮兵连，并且还有实力雄厚的空军支持。德军一次次地后退，前进，又后退。无比血腥惨烈的战斗持续了整整一个月。舍尔纳斩钉截铁地命令他的部队寸土必争。但是，到了 10 月中旬，波罗的海沿岸第 1 方面军又一次向前挺进，把德军逼退至海岸线，使其走投无路。苏军左翼部队此时已到了东普鲁士边境，与德国领土仅一步之遥。

中央集团军的挫败，很大程度上是希特勒的失误所致。他顽固地坚持不能放弃任何一块土地。它的毁灭将德意志帝国推向了极其危险的境地，不仅将失去原来征服的土地，本国的领土也再难固守。而更往南的地方，东部前线又一次面临新的危机。希特勒所珍视的罗马尼亚富含石油的土地——还有其巴尔干同盟以及在那里占领的地盘——正迅速地脱离他的掌握。此时，苏军部队正势不可当地冲向巴尔干地区。

水深火热中的南斯拉夫

1941年4月，德国用了仅仅一个星期多一点的时间就占领了南斯拉夫，而且在更短的时间里将它四分五裂。为了收买人心，希特勒将南斯拉夫大块的土地割让给德意志盟国匈牙利、保加利亚和阿尔巴尼亚。他还宣布南斯拉夫北部地区将属于德意志帝国，让奥地利人来这里定居，并对当地的南斯拉夫人民实行了残酷的德国化政策。意大利夺得了斯洛文尼亚（南斯拉夫的一个加盟共和国），并占据了南斯拉夫西南部的黑山地区以及达尔马提亚的大部分地区。塞尔维亚（南斯拉夫成员共和国名）最初是共和国的中心，现在在米兰·尼蒂奇将军的统治下变成了纳粹的傀儡。剩下的前克罗地亚省（南斯拉夫成员共和国名），前波斯尼亚（南斯拉夫中西部一地区）都被割让给纳粹新成员克罗地亚独立国，由法西斯头目安特·帕维里奇统治，帕维里奇是极端民族主义组织乌斯塔沙的创始人。

南斯拉夫就这样从地图上消失了，但是，她曲折的历史却很难被抹去。第一次世界大战以后，反塞尔维亚人士将南斯拉夫从哈普斯堡王朝和奥托曼皇室的废墟中拯救出来。自那以后，南斯拉夫（这个名字的含义是"南部斯拉夫人的土地"）就变成了一个由种族相近但具有不同的政治、宗教和语言背景的多民族组成的国家。斯洛文尼亚人和克罗地亚人是罗马天主教徒，看上去是西方人；塞尔维亚人信仰东正教，与俄罗斯有着悠长的历史渊源；其他曾在土耳其统治下的地区有许多穆斯林。在这些种族当中又夹杂着一些非斯拉夫少数民族。

希特勒强行瓜分的统治政策为这些饱受煎熬的人民提供了导火索。很快，乌斯塔沙就开始清除那些居住在新成立的克罗地亚国的塞尔维亚人和其他非克罗地亚人。塞尔维亚人随即以牙还牙。在一些混住的地区，天主教、东正教和穆斯林之间展开了残酷的争斗。每一派都想清除异己分子，投靠德国以寻求庇护。但是，一位叫德拉扎·米哈伊洛维奇的塞尔维亚军官伙同被称为铁托的克罗地亚共产党，组织起义军抵抗德国。为这个国家战后的命运埋下了伏笔。

左图：德国重新描绘了南斯拉夫的地图，将她瓜分给邻国，再把剩下的部分分成塞尔维亚国和克罗地亚国。为安全起见，还通过一条蜿蜒曲折的分界线把她分成代表德国利益和意大利利益的两个区。

右图：党卫队"弯刀"山地师的穆斯林带上他们特有的土耳其毡帽，占领了北波斯尼亚的一个凹凸不平的高点。"弯刀"山地师是当地几个被德军募集在一起为帝国而战的部队之一。

塞尔维亚游击战士和他们的司令官德拉扎·米哈伊洛维奇上校（右二）正讨论问题。

控制权之争

　　南斯拉夫军队投降以后，许多塞尔维亚军官和士兵在德拉扎·米哈伊洛维奇上校的率领下来到了高山上，第一次有组织地抵抗德盟军部队和乌斯塔沙。米哈伊洛维奇和他的部下们组成了一支塞尔维亚游击队，叫"切特尼克"。这个名字取自曾经对抗土耳其的塞尔维亚游击队。和他们的前辈一样，这些游击队员戴上用头骨和交叉腿骨装饰的羊皮帽。许多人为了遵循东正教的习俗不刮胡子，以表示哀悼。游击战士一看到胡子，就会想起他们已经失去独立的国家。

　　1941年6月底，德军刚刚入侵苏联的时候，铁托和他的共产党加入到切特尼克中来。铁托把他们称为"游击队"，这个称呼来自以前那些反对拿破仑的西班牙和苏联的老游击队。

　　虽然流亡政府和盟国军均承认切特尼克是合法的国防军，但从政治话语的层面看，"游击队"这一称呼显然比"切特尼克"更占优势，因为前者可号召所有南斯拉夫人，而后者只能引起塞尔维亚人的共鸣。

铁托在和他的狗拉克斯嬉戏。这只阿尔萨斯狗1943年救过他的命，引开过针对铁托的炸弹。

几个德军战士找回他们一位战友的尸体。在南斯拉夫发生的残酷战争促使许多人要求参军。1943年，短短几个星期就有1,000多人志愿前往东部前线参加战斗。

党卫队欧根亲王师，都是从南斯拉夫、罗马尼亚和匈牙利招募的德裔兵，正跟踪南斯拉夫喀斯特地区的游击队。

一个德国兵正在搜查游击队嫌疑犯看他是否藏有武器。在1941年10月的一次报复行动中，德军屠杀了塞尔维亚克拉古耶瓦茨城中所有的男性，枪毙了共7000人，包括小男孩。

复仇计划

　　1941年夏天，"切特尼克"和铁托游击队很快消除了政治分歧，联合对付他们共同的敌人——德军。

　　德军回以疯狂的报复，希望以此令他们屈服。希特勒签署了一道命令，每牺牲一个德国士兵就处死100名人质，每打伤一个就处死50名人质。米哈伊洛维奇命令"切特尼克"暂时保持低调，躲到塞尔维亚的农村里。他对铁托心存深深的怀疑，而且，他深信在得不到盟军有力支援的情况下，继续抵抗只能导致德军的大屠杀，不利于战后塞尔维亚的地位。

　　铁托却没有这种顾虑。他是在为"人民的解放"而战，他发誓要把最后一名敌人赶出南斯拉夫的土地。铁托的游击队和"切特尼克"也打了起来。事到如今，在南斯拉夫德盟军主要的对头就是铁托了。

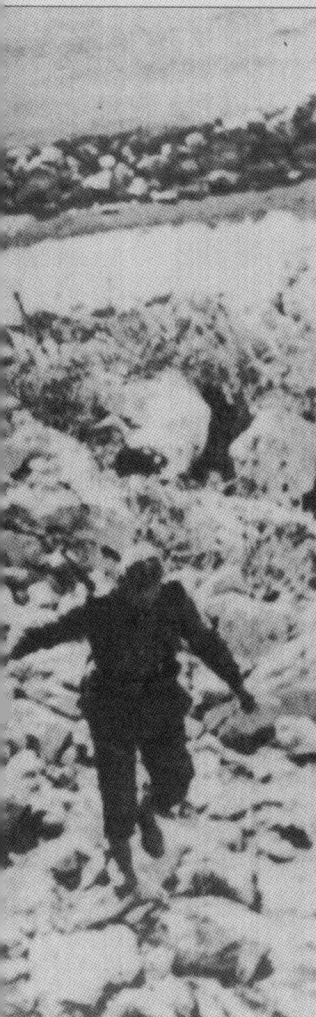

游击队在劫难逃

到了 1943 年，游击队已经非常壮大，从乌斯塔沙夺取了西波斯尼亚，并袭击德军通往南欧的通信线路。考虑到盟军可能会在巴尔干地区登陆，德军开始实施称为"外斯"的歼灭铁托的行动，这一大规模的进攻将在萨拉热窝（南斯拉夫中部城市）西北山区进行。

在乌斯塔沙和"切特尼克"的帮助下，德意盟军消灭了铁托40% 的兵力，但是大部分都逃跑了，在南斯拉夫西南部的黑山地区铺开了长达 100 英里的防线。后来，在一次残暴的袭击中，德军把矛头转向了他们的同盟——"切特尼克"。

上图: 1943 年 6 月,
游击队在撤退中穿过
米列维纳附近的森林。
骑在马背上的女人是
战争中支持铁托的多
达 100,000 名妇女中
的一名。

右图: 1943 年秋
天发生在西波斯尼亚
的一次战役中, 当地
的农民帮助游击队把
泥泞中的反坦克大炮
推出来。

铁托从天而降

铁托的游击队逃过了"外斯"一劫，另外，意大利于 1943 年 9 月投降苏联，这两件事的发生是南斯拉夫的一个转折点。虽然尚未取得最后的胜利，铁托还是战胜了米哈伊洛维奇夺得政治话语权。那年 11 月在德黑兰会议上，丘吉尔、斯大林和罗斯福承认了铁托的地位，答应在以后将通过他的游击队支援南斯拉夫。"切特尼克"就这样退出了战争舞台。

此时，铁托的人马有 30 万人——差不多和德盟军的兵力相当。铁托继续扩大他的势力，控制了越来越多的地盘，直到 1945 年 3 月红军促使德军向后撤退。

米哈伊洛维奇继续救助被敌军击落的盟国空军飞行员，但是他怎么也无法相信英国和美国竟然会抛弃他，转而支持一个共产党。1946 年 7 月，铁托将他处死。到死为止，这位塞尔维亚领袖一共召集了 140 万名爱国者，他们在这个混乱的年代也献出了自己的生命——差不多是战前的南斯拉夫总人口的 10%。

1944 年 10 月，游击队和德军俘虏穿过一座刚解放的城市。

4. 巴尔干危机

1944 年 7 月 24 日，约翰内斯·弗里斯纳将军向前往位于东普鲁士的司令部"狼穴"向希特勒做汇报，眼前的场景让他产生了一种强烈的预感——第三帝国的衰败已无可挽回。元首的右臂系着绷带，无力地低垂着，两个耳朵塞满棉花，以保护受伤的耳膜。阿尔弗雷德·约德尔将军，武装部队最高统帅部作战局局长，头部也受了伤，缠着绷带。另外，陆军总参谋长的第一候选人沃尔特·布勒由于伤势太重，无法上任，只好由海因茨·古德里安代替。

这次损伤是由于 4 天以前发生的暗杀希特勒的行动造成的。一名内奸放置的一枚定时炸弹将指挥部的一座房屋炸得一塌糊涂，希特勒和另外 18 人受伤，其中有 4 名受重伤。这次事件的发生彻底让希特勒对他的下属失去了信任。"跟他相处本来就够艰难了，"战争结束后，古德里安将军这样写道，"如此一来，情形更加糟糕，简直是一种折磨。他经常无法控制自己，而且言辞也越来越激烈。"

弗里斯纳将军被召来委以一个新的职位，这是他在不足一个月的时间里的第二个职位。仅仅就在 3 个星期以前，这位矮小而结实的 52 岁老兵，头发已经花白，

在保加利亚首都索非亚，苏军士兵和保加利亚的支持者将纳粹标志从德国大使馆拽了下来。1944 年 9 月 9 日，索菲亚成为那年巴尔干半岛地区挣脱德国控制的 5 个首都中的第二个。

但长着一张依旧年轻的面孔，以满腔的热情和干劲接管北方集团军的指挥。但是很快，与他的前任乔治·林德曼将军一样，他就将军队真实的，当然也是消极的情况向希特勒做了汇报，要求允许他们放弃阵地，并请求增援。希特勒当即决定重新安排他的职务。但是，为表示安慰，希特勒还是提拔了他，让他和费迪南德·舍尔纳将军调换职位。舍尔纳将军此前负责乌克兰南方集团军的指挥，很受希特勒赏识。

这支集团军驻扎在罗马尼亚边境，是东部前线上一个非常关键却又比较平静的部分。它负责守卫的巴尔干半岛，对德意志帝国来说极其重要，希特勒称它是东部战线最令他"牵挂"的地方。巴尔干地区有两个德国的盟友，即罗马尼亚和保加利亚，另外还有在战争初期就被希特勒占领的 3 个国家：阿尔巴尼亚、南斯拉夫和希腊。这里富含一些至关紧要的原材料，比如石油、锰矿和铜矿等，再加上所处的战略性地理位置，巴尔干地区备受希特勒关注。这个地区既可拱卫入侵苏联的德军的南翼，而且，还是抵挡盟军从地中海东部进军的壁垒。这片土地与匈牙利接壤，而匈牙利是德国的盟友之一，为德国提供石油，从地理位置上来看，也是通往奥地利和第三帝国本土的门户。

德军把巴尔干看得如此重要，所以，在 1944 年的春天，他们想当然认为这里就是红军进攻的下一个目标。但是，苏军却出乎意料地攻打白俄罗斯。所以自

乌克兰南方集团军总参谋长约翰内斯·弗里斯纳将军（中）在巴尔干与第8军指挥官奥托·沃勒尔将军以及第2装甲部队总参谋长赫尔穆特·冯·格若尔曼一起讨论战争形势。

从4月份起，这里反而相对平静。希特勒对弗里斯纳委以重任，并再三叮嘱："这一次，乌克兰南方集团军没有被攻击的危险，苏军已经将所有的兵力都集中在中央集团军身上。"

弗里斯纳的前线，"看上去好像没有什么发生，"就像他后来写的那样，实际上却重任在肩，负责保卫德国最忠诚的盟友——罗马尼亚。这个拥有2000万人民的国家于1940年11月加入"三国同盟条约"，时刻准备着"站在轴心国同盟的利益上，为建立文明的社会而战"——如这个国家的独裁者扬·安东内斯库将军所说。

一年半以后，罗马尼亚在苏联入侵战争中派遣 14 个师的兵力，为征服克里米亚做出了贡献。再者，罗马尼亚每年为德国供应粮食以及 20 亿桶之多的石油。

罗马尼亚的政治主张固然受到法西斯主义的影响，但其对第三帝国的附庸更多的是出于扩张领土的野心，而不是政治思想层面的诚心认同。为了能够重新永久地夺回在战前被苏联占领的比萨拉比亚东北部以及布科维纳北部的土地，罗马尼亚大力支持希特勒东征。而且，他们还指望希特勒交还他们失去的西北部的领土——特兰西瓦尼亚北部地区。关于这片领土的争端由来已久，1940 年德国负责调停，在所谓的"维也纳判决"下割让给匈牙利。

罗马尼亚与第三帝国之间的关系得益于扬·安东内斯库。这位 62 岁的老练的军人政治家名义上在迈克尔国王之下，但实际上却是自成一派的"执政者"。他认为自己可以和希特勒以及意大利领袖贝尼托·墨索里尼相媲美。与墨索里尼一样，他酷爱自我炫耀。1941 年，他霸占了乌克兰西南地区，使之成为罗马尼亚的川斯尼斯特瑞省，并宣称，从今以后，该省的主要城市敖德萨应该以他的名字命名叫安东内斯库。他的精明和军人的判断力，再加上他激进的反犹太主义立场以及对斯拉夫人的鄙视，赢得了希特勒对他的信任和信心。希特勒对他的敬重超过了任何一位德军军官，给他颁发了许多勋章，包括象征着无上荣誉的铁十字勋章，从来没有其他

苏军在南部的攻势

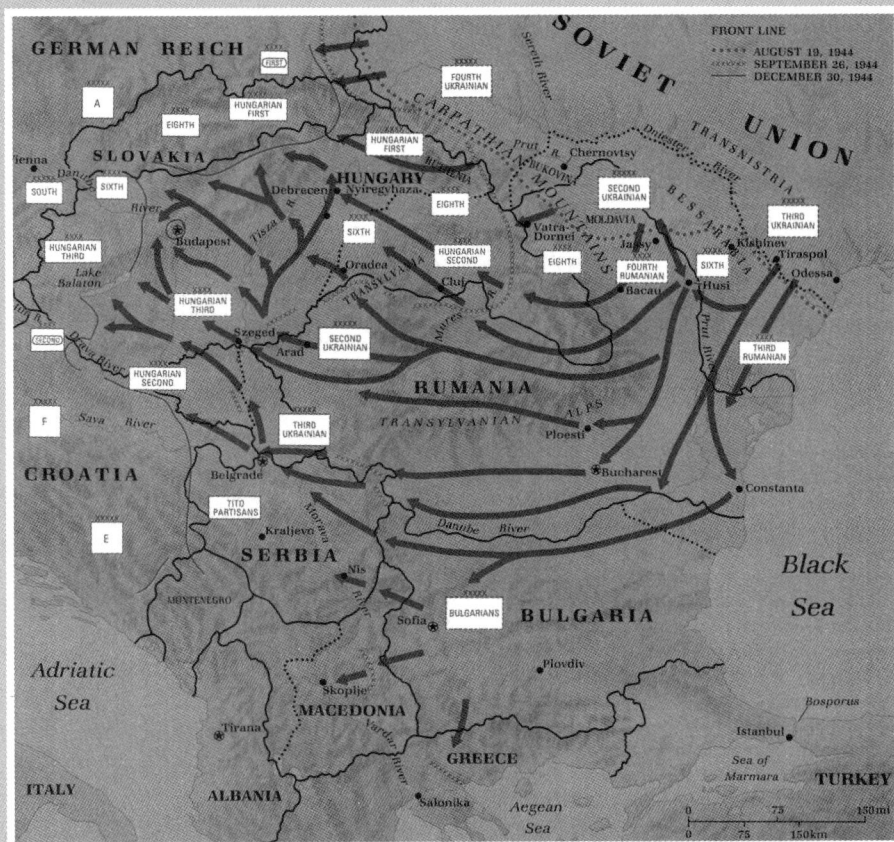

　　1944 年 8 月 21 日,苏军乌克兰第 2、第 3 方面军在巴尔干进行了一次扫荡,打击约翰内斯·弗里斯纳将军率领的乌克兰南方集团军 900000 名德国和罗马尼亚盟军。不到三天,弗里斯纳由第 6 和第 8 军驻守的防线就被攻破了。此时此刻,罗马尼亚政府又背叛了德国,苏军趁机在 1944 年 8 月 31 日攻进罗马尼亚首都布加勒斯特。10 月初,乌克兰第 3 方面军和南斯拉夫游击队在贝尔格莱德会合,将德 F 集团军向后紧逼。再往北,乌克兰第 2 方面军在同一时间攻入匈牙利。12 月,苏军两支方面军会合包围了匈牙利首都布达佩斯。弗里斯纳因无法阻挡苏军的进攻,被希特勒免职。

任何一位外国人有幸得到过它。

但是，1943 年德军东部前线战况急转直下，严重影响了罗马尼亚和德国之间的关系。在损失惨重的斯大林格勒之战以及苏军随后的进攻当中，罗马尼亚共有80000 名士兵阵亡，两国之间的矛盾进一步加深。盟军对普洛耶什蒂石油基地的轰炸使得石油生产量下降了一半，并且，众多德军部队于 1944 年春天蜂拥撤退到罗马尼亚，让罗马尼亚的经济变得极其紧张。于是，罗马尼亚领导人开始寻找时机退出这场战争。当年春天，几位代表在开罗和斯德哥尔摩与盟国代表进行了秘密会谈。甚至连从不服输的安东内斯库也做出讲和的姿态。7 月的最后一个星期，希特勒遭刺杀，虽然行动失败了，但仍进一步动摇了罗马尼亚领导人的信心，让他们感觉"为战争所做的努力彻底破灭了"，弗里斯纳后来这样写道。

不仅仅政治局面不稳定，弗里斯纳还发现前线的形势也"令人担忧"。在没有物资、坦克以及经验丰富的作战队伍的情况下，他不得不打报告建议，面临苏军准备充裕的进攻，应允许集团军撤退。让弗里斯纳最为震惊的是，希特勒没有向他提及乌克兰南方集团军将近三分之一的兵力要被抽调出来支援中央集团军。从 6 月 30日起，已经调走了 10 个师，还有一个师也将会在 8 月份的第二个星期调走。其中至少有 6 个是急需的装甲师。

从表面上看，弗里斯纳似乎不缺人。他目前总共拥有 47 个师，80 万名士兵，其中 36 万是德国兵。但是，

1944 年夏天，盟军轰炸布加勒斯特地区的铁路系统，对国防军已遭破坏的运输系统来说犹如雪上加霜。布加勒斯特铁路中心是从附近的普洛耶什蒂油田运输燃料的枢纽。

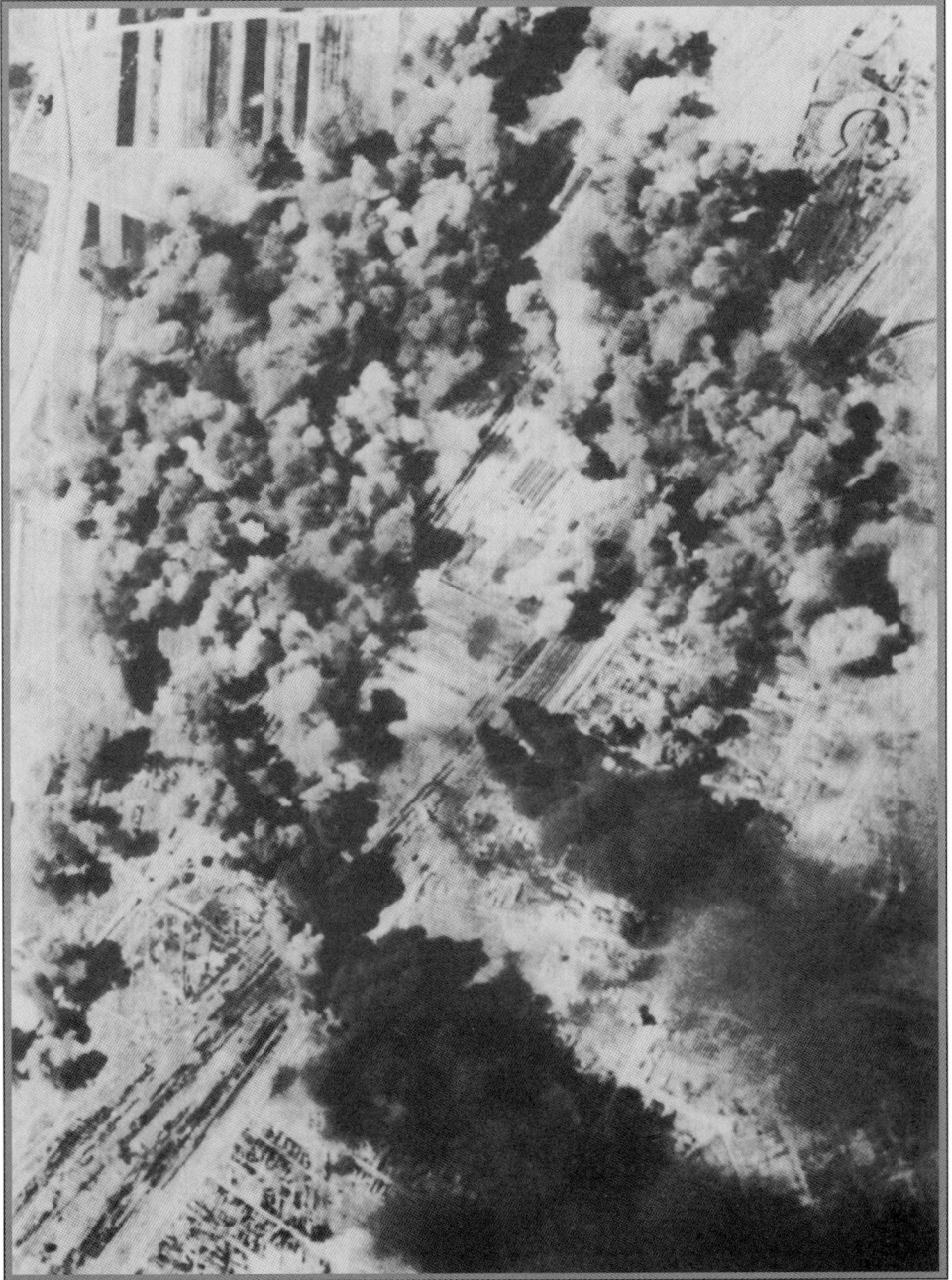

这些部队需要守卫长达 400 英里的战线。这条战线从西北部位于喀尔巴阡山脉东部边缘塞瑞斯河附近开始，向东南延伸，经过摩尔达维亚和比萨拉比亚，一直到黑海的敖德萨。弗里斯纳的左翼，从塞瑞斯河开始，到雅西城附近的普鲁特河，由沃勒尔集团军负责把守，包括德第 8 军和罗马尼亚第 4 军。弗里斯纳的右翼，由普鲁特河向东到达德涅斯特河，然后沿着它的下游流域向南，是杜米特雷斯库集团军，由德第 6 军和罗马尼亚第 3 军组成。

弗里斯纳发现自己处处捉襟见肘：3 个装甲师，却只有 120 辆坦克可以用来打仗；德军的步兵师拥有众多的马匹，但机动车辆极其贫乏；新近补充的兵力虽然弥补了数量上的不足，但是大多数要么年纪偏大，要么缺乏训练；匈牙利和罗马尼亚的铁路系统效率极低，增援部队发现他们步行甚至比坐火车还要更快一些；运输物资的火车需要 2 到 3 个星期的时间才能从德国到达这里，而且，有时还会迷路。所以，德国空军不得不在铁轨上空几百英里处进行侦察，给它们带路。

糟糕的是，部队的组织指挥十分混乱。德军占领部队的司令员艾瑞克·汉森上将，不受弗里斯纳集团军的指挥，直接向武装部队最高统帅部汇报。罗马尼亚境内纳粹空军首领阿尔佛雷德·格斯滕伯格中将，负责防空队伍及空军部队，同时向德国驻布加勒斯特大使馆以及德意志帝国元帅赫尔曼·戈林汇报。弗里斯纳本人直接或是通过古德里安和陆军总参谋部向希特勒汇报。而安东内斯库这时还火上浇油，要求同等的指挥权，也就是说，集团军右翼部队第 6 军战术上的指挥权要交给罗马尼亚的一位将军彼得·杜米特雷斯库。

弗里斯纳认为"政治和军事两方面的双重灾难已经近在咫尺"，可是，希特勒和布加勒斯特德国当局对弗里斯纳的担忧却不以为然。弗里斯纳一再要求给予他罗马尼亚境内所有德军的指挥权，然而，最高统帅部首领，陆军元帅威廉·凯特尔却只是敷衍他："坚守阵地才是你的首要任务，我会保证后方的安全。"弗里斯纳关于罗马尼亚将领不可靠以及罗马尼亚即将发生政变的报告犹如石沉大海一般，杳无音信。后来，弗里斯纳只好拿格斯滕伯格的话来安慰自己："一旦布加勒斯特方面发生政变，一场防空战就能够将它摆平。"

德军的这种信心好像是 8 月初安东内斯库在"狼穴"拜见希特勒的时候建立起来的。希特勒不厌其烦地提及德军的新型坦克、大炮和秘密武器，借此来安抚他。于是，安东内斯库信誓旦旦地表示"继续站在德国一边"，并发誓罗马尼亚将是"最后一个背叛帝国的国家"。

安东内斯库溢于言表的真诚和决心感染了希特勒和新任总参谋长古德里安。根据古德里安的描述，他和安东内斯库曾经就有关暗杀希特勒事件进行了一次秘密会谈。安东内斯库当时的表情"非常吃惊"，并解释"无法想象竟然有军官参加这样的政变行动！"

8月6日，当安东内斯库离开"狼穴"的时候，希特勒仍然在怀疑上次的暗杀行动可能是迈克尔国王所为，即安东内斯库名义上的上司。于是，希特勒本能地开始不再相信罗马尼亚王室，以"亲英派"的名目软禁了迈克尔和他的母亲，并把王宫视为"反德阴谋根据地"。而且，弗里斯纳不止一次汇报过关于罗马尼亚即将发生军事政变的流言。所以，当安东内斯库的车队载着他向机场开去的时候，希特勒激动地向前走了几步，大声地喊道："安东内斯库！安东内斯库！千万不要到国王的皇宫里去！"

8月8日，恰好在希特勒对安东内斯库发出警告后两天，自春天以来略显安静的前线出现了一些征兆，预示着将有新的行动发生。纳粹空军侦察员报告说苏军大批部队正在往前线方向移动。又过了10天，根据德军左翼沃勒尔集团军情报处的判断，苏军将在一两天内从北部发起进攻，有可能聚集最大的兵力在雅西城附近跨越普鲁特河。

苏军在这个地区发起进攻是弗里斯纳最担心的隐患。与该地区其他的河流一样，普鲁特河从西北流向西南方向，将德军的阵线一分为二。如果苏军以此为轴心向下游展开强大的进攻，将切断弗里斯纳整个右翼部队，包括第6军。但是，如果能够将右翼部队转移的话——最好是转移到塞瑞斯河的对岸，或至少到普鲁特河的西岸——那么就会避免这种危险。而且，撤出右翼部队将大大缩短德军的阵线，并能够降低德军对罗马尼亚军队的依赖程度。他和安东内斯库曾几次提出撤退的建议，但是都没有得到希特勒的批准。

面临苏军即将掀起的大规模进攻，弗里斯纳又一次请求撤退，但是又一次遭到拒绝。他终于放弃了，下达命令，准备迎接战斗，并表示，他相信"几经考验的罗马尼亚军队将肩并肩"和德军部队站在一起。

8 月 20 日，星期天，天刚亮不久，红军在罗马尼亚这一边展开了这场姗姗来迟的进攻。罗季恩·马利诺夫斯基将军带领乌克兰第 2 方面军以排山倒海之势从北部涌入，攻打德军左翼部队；费多尔·托尔布欣将军率领的乌克兰第 3 方面军从东北部攻打德军的右翼。苏军的队伍共有 929000 人，还有 1890 辆坦克和突击炮；他们拥有的大炮如此之多，在一块 10 英里宽的攻击目标内，马利诺夫斯基配备了不少于 4000 门大炮——差不多每隔 5 码就有一门。各级部队中，苏军的兵力都远远超过了德军和罗马尼亚军的总和：2 倍于他们的士兵，2 倍的大炮，近 5 倍的装甲车和 3 倍的飞机。

苏军两处主要进攻相差 125 英里远：在西边，从雅西西北部开始；在东边，从蒂拉斯波尔正南德涅斯特河下游的一个桥头堡开始。而且，经过精心谋划，两支部队均把罗马尼亚军队驻守的地区作为突破口。虽然有一些罗马尼亚军队勇敢地站在德军一边，但是仍有一些军人甚至连一枪都没开就投降了。罗马尼亚第 11 师的司

深得希特勒信任的罗马尼亚将军扬·安东内斯库正在用一架战壕望远镜观察巴尔干前线情况，罗马尼亚国王迈克尔（左后）站在一边。罗马尼亚一直与德军在东部前线并肩作战，直到 1944 年 8 月苏联接管这个国家。

令员手里拿着鞭子，试图阻止那些如洪水般往后方逃窜的士兵，他眼泪汪汪地向他的德军上司汇报说，他的部下就这么一哄而散了。苏军的先锋部队在第 1 天就向前挺进 12 英里，抢在德军发现其罗马里亚盟友已经溃散之前，并成功切入德军后方。

形势比弗里斯纳原先预料的还要糟糕。在他右边更远处，托尔布欣乌克兰第 3 方面军的一支纵队向南进发，将早已支离破碎的罗马尼亚第 3 军隔离开来，并将之逼困在黑海。托尔布欣的其他部队调头向西朝着普鲁特河畔的胡西城前进，胡西是一个位于雅西以南 50 英里处的铁路终点站。与此同时，马利诺夫斯基乌克兰第 2 方面军的先锋部队第 6 坦克军，从北部胡西处的缺口蜂拥而入。弗里斯纳可以看出苏军正在从两个不同的方向进行包抄，意欲在胡西围堵德第 6 军。这是德军装甲部队惯用的伎俩，曾经在战争初期攻打苏联红军的战斗中取得了巨大的成功。

8 月 21 日，弗里斯纳再次和安东内斯库商讨向希特勒建议将其右翼部队撤退到普鲁特河后方一事。安东内斯库原先是赞同这一提议的，但是现在却变卦了，还一再坚持他自己有责任守卫这里的每一寸土地。最终，弗里斯纳还是先斩后奏，下令撤退。就在当天晚上，希特勒也不得已同意这个折中的建议——那已经是事后了。

撤退的命令来得太晚了，所有看上去像是防御工事的地方都被摧毁了。到了 8 月 23 日，星期三，轴心国的部队已被切割得支离破碎，只能各自为战。Ⅳ军团已经被孤立起来，与第 8 军失去了联络；而弗里斯纳的左翼残余部队正试图在塞瑞斯河西岸巴克乌附近建立新的防线。再往东，弗里斯纳的右侧，苏军的装甲部队已经切断了他的防线，正在德第 6 军的后方 20 多英里的地方穿插，而第 6 军也正奋战自保，力图逃离被包围的命运。红军各支纵队于胡西和普鲁特河交汇的地方会合。预计几个小时之后，他们就将会合在一起，将Ⅳ军团和

在罗马尼亚村民的欢呼下，苏军的近卫哥萨克骑兵正骑马追击逃窜的德国部队。约翰内斯·弗里斯纳第6军的残余部队在山间小路上艰难地行走，此时，大多数的罗马尼亚人都在为驱逐了纳粹而庆祝。

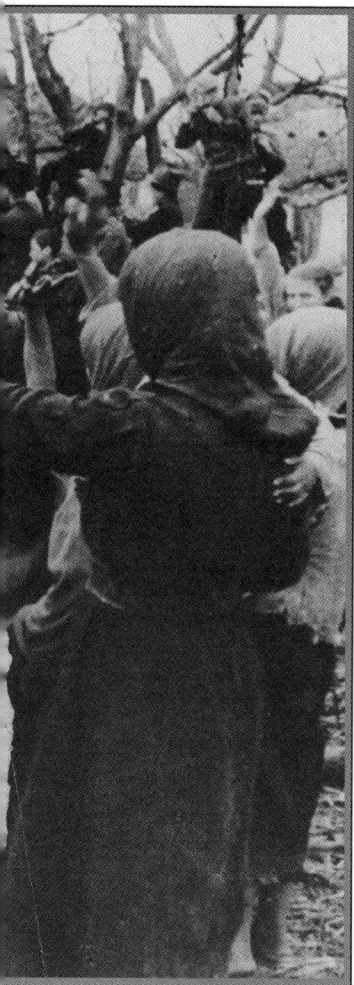

第 6 军包围在普鲁特河与德涅斯特河之间的地方，力图歼灭德军 20 个师的兵力。

就在那个星期三，政局也发生了决定性的转折。安东内斯库接到了关于前线战场即将发生危机的报告，匆忙请求谒见迈克尔国王。这位独裁者和他担任外交部部长的弟弟一起前往皇宫。这位 22 岁的国王早已和同盟国取得联系，并计划在三天后发动政变。而这一切安东内斯库并不知晓。迈克尔国王决定提前行动。他下令把安东内斯库兄弟俩抓起来，关押在一个通风的保密间中。这里是他的父亲建的，用来存放皇家收藏的邮票。迈克尔于当天晚上通过电台宣布成立新政府，并声明接受苏联提出的休战协定。

弗里斯纳一听到这个消息就立即接管了罗马尼亚境内的所有德国军队。接着，他致电希特勒，汇报了这一重大事件的详细始末，并建议向北部和西部撤退，在匈牙利特兰西瓦尼亚边境建立新的防线。但是希特勒什么都听不进去。他对罗马尼亚反叛者的无耻行径暴跳如雷，下令进行反击，一定要抓住迈克尔国王，把政权交还给安东内斯库，万一安东内斯库已经，也要将政权交给亲德派的人手里。为了达到这个目的，希特勒接受了格斯滕伯格将军的建议，命令位于普洛耶什蒂的第 5 高射炮师进攻布加勒斯特。格斯滕伯格是纳粹空军的首领，喜欢夸耀他的防空大炮是多么的厉害。

弗里斯纳有充分的理由对希特勒的决定表示怀疑，

因为他觉得即使是德军有能力夺得罗马尼亚政权，也没有哪位罗马尼亚将军愿意接管。第二天清晨7点半，6000名德国空军高射炮兵从距离罗马尼亚首都35英里外的普洛耶什蒂出发，途中遭到了罗马尼亚防卫部队的坚决狙击，德军只进发到首都远郊地区，便再无力向前推进。当天下午，德军第4航空军的150架斯图卡式轰炸机轰炸了布加勒斯特的皇宫和政府大楼。希特勒在下令开展这个明显考虑欠周的作战计划前，并未征询过战场指挥官弗里斯纳的意见。这场轰炸激起了罗马尼亚人民的义愤，让他们空前地团结了起来，同时，还给了罗马尼亚政府在第二天即向德国宣战的借口。

迈克尔国王于 1944 年 8 月 23 日接管政府，宣布和苏联讲和。这一突如其来的政变令居住在布加勒斯特的德国人大为惊慌。

左图：被罗马尼亚战士逮捕的纳粹兵经过城中的雅典娜神庙。下图：政变爆发后，向德意志大使馆寻求庇护的德国民众在使馆外面等候疏散。

罗马尼亚的倒戈使得弗里斯纳的部队与战线更加支离破碎，许多部队面临被全歼的危险。弗里斯纳迫不得已放弃了救援被围困的第 6 军和第 8 军Ⅳ军团的念头。就在 8 月 24 日斯图卡式轰炸机对布加勒斯特狂轰滥炸的时候，苏军两支部队已在普鲁特河以西的胡西城附近会合，扎紧了口袋，完成了对德军 18 个师的包围。被

围困部队与外界德军的无线电通讯被完全切断，弗里斯
纳只能通过截取苏军电报了解前线的战事进展。

包围圈内的德军忍受着高温炙烤，靠田地里现收的
玉米勉强维系生存，在苏军一波又一波的陆、空轰炸
中顽强抵抗。8 月 26 日，德军终于在普鲁特河沿岸撕
开了一个小口子，包括第 13 坦克师在内的两支残军约
70000 人经过艰苦奋战，突围渡河，在胡西城附近的林
地里占据了一小块阵地，但苏军坦克部队迅速转移，很
快便从侧翼包抄了他们。只有一小部分德军成功向北、
向西分散突围，最终与撤退的大部队会合，而包围圈中
的德军大部分没能逃脱，要么战死，要么被俘虏。至 8
月 29 日，德军 18 个师几近覆没。与斯大林格勒保卫战
中原第 6 军的遭遇相比，此次围歼剿灭之凶猛有过之而
无不及，前者历时两个半月，而这次只花了 9 天。

弗里斯纳将余下的部队重新整编，朝特兰西瓦尼亚
到匈牙利东部之间的山区转进，希望在喀尔巴阡山脉东
部与特兰西瓦尼亚山脉之间的关口重新构建一道防线。
此时弗里斯纳麾下只剩四个师未有太大的战损，他们和
空军高射炮部队、行政官员、医护人员和其他德国逃亡
平民，一同攀爬着崎岖不平、仅有的一条狭窄山路。"此
时已经不可能组织起有秩序的撤退了。"弗里斯纳在八
月的最后几天写道。共有 18 万人在此次撤退途中或被
俘或死去，其中包括 2 名军团指挥官、12 名师长和其
他 13 名军官。

一路红军在奋力追击撤退的德军，其他苏联部队则呈扇形往西南方向推进。8 月 30 日，苏军占领普洛耶什蒂，控制了附近的油田和机场，机场里还停着好几架因为没油而无法及时飞走的德军轰炸机。隔天，红军昂扬挺进布加勒斯特，这座城市由此成为东欧地区第一个被红军解放的首都。至此，罗马尼亚的土地上再也没有成建制的德军了。红军先锋部队的前方还有四个国家: 保加利亚、南边的希腊、西边南斯拉夫，以及西北边的匈牙利。

发生在布加勒斯特的政变更让芬兰为之振奋。于是，芬兰政府向苏维埃提出签署和平条约，并很快达成一致。这使得更多的红军部队畅通无阻地穿过波罗的海地区。

罗马尼亚发生的一切对它南边的邻居保加利亚的影响更加具有戏剧性。这个只有 550 万人口的小国曾经非常乐意与德意志帝国保持友好关系。1941 年 3 月，它与德国站在同一条战线上，为德军攻打南斯拉夫和希腊提供了根据地。后来，还继续为德军提供原材料，特别是粮食，还提供黑海港口给德军使用，并派兵驻守南斯拉夫。但是，虽然保加利亚能够向英国和美国宣战，但由于文化和语言上的渊源，他们不可能加入到纳粹的行列中一起对付苏维埃。

结果，保加利亚渐渐繁荣起来。它出口的食品能够售出很好的价格，而且从南斯拉夫和希腊收回了原本属于他们的土地。一位保加利亚政治家后来回忆他的国家当时在地缘政治上的实力时说，"我们既没有奋起抵抗，也没有被占领，反而从中获得了好处，其实我们应该为此感到难堪。"

等到红军开始进攻罗马尼亚的时候，海因茨·古德里安从保加利亚首都索非亚德军军事基地收到的消息让他很不安。鲍里斯国王在 1943 年英年早逝——可能是死于心脏病，但也有许多人猜测他是被谋杀的——这激起了当地人民的不满。而且，目前的战争格局已明显地倒向苏联，所以保加利亚军队将领公开质疑与德国的联盟。古德里安请求希特勒停止向保加利亚运送武器装甲，并撤回已经发出的那些。但是，希特勒拒绝了，他坚信保加利亚人民如此憎恨布尔什维克主义，他们绝不会背叛德国。

但是，就在 8 月 26 日，罗马尼亚政变发生后的第 3 天，种种迹象表明保加利亚政府也将如法炮制。为了避免苏联红军攻打索非亚以北 50 英里处的边界，保加利亚政府重申了它将保持中立，而且向美国和英国要求和平谈判，命令所有的德国部队撤军，并保证让所有从罗马尼亚进入保加利亚境内的德军缴械。

保加利亚的表态足以令希特勒暴跳如雷，却仍不能让斯大林满意。希特勒命令保加利亚境内的德军务必顽强抵抗，而斯大林则派遣他的高级军事指挥家格奥尔吉·朱可夫前往罗马尼亚指挥进攻保加利亚。苏军断言保加利亚虽然保持中立，但仍有可能成为德军撤退的避难所，于是，在 9 月 5 日发起了进攻。朱可夫将托尔布欣的乌克兰第 3 方面军的 3 个步兵军和 1 个机械化军团集合在多瑙河下游和黑海之间的边境上。9月8日上午11点钟，苏军第57军所属部队进入保加利亚，保加利亚步兵列队欢迎他们的到来。

保加利亚于当天晚上对德宣战。第二天，9月9日，一个名为"祖国战线"的联盟，由保加利亚国内共产党领导人和一个叫作"Zveno"的极"左"分子组织组成，通过和平演变接管了保加利亚政府。红军迅速占领保加利亚，并接管450000人的保加利亚军队，包括88辆Ⅳ型装甲车和50架自推式突击炮。古德里安早在几个星期以前就想将这些武器要回，却没能如愿。很快，在邻国南斯拉夫这片他们曾派兵驻扎过的土地上，保加利亚的士兵们将首次目睹苏联与其前盟友德国的激战。

在南斯拉夫，苏联红军及其新搭档保加利亚军队即将遭遇各自为战的几路德军。弗里斯纳已率领其乌克兰南方集团军撤退到匈牙利前线。南斯拉夫境内的德军部队属于东南集团军群，其司令部位于南斯拉夫首都贝尔格莱德，由陆军元帅马克西米利安·冯·魏克斯率领。63岁的魏克斯具有丰富的作战指挥经验，经历了从攻打法国到苏维埃的全过程。他现在率领两支不同的队伍，即驻扎在希腊大陆和爱琴岛的E集团军和驻扎在南斯拉夫和阿尔巴尼亚的F集团军。两支队伍加起来共有大约30个师，500000名士兵。魏克斯和弗里斯纳只有相互配合，才能有一线机会抵挡得住苏军从南翼发起的进攻，但是他们却是通过不同的渠道向上级汇报——魏克斯通过武装部队最高统帅部，而弗里斯纳则是通过陆军总司令部。由于希特勒的疑心和高度警觉，他们无法直接相互沟通来协调双方的行动。

在整个战争中，东南集团军群的德军一直肩负着双重使命。其一是抵抗敌人的联合进攻，守卫巴尔干半岛海岸线以及德意志帝国南侧的通信线路。还有一个更为艰巨的任务就是镇压在这3个国家掀起的游击队运动。南斯拉夫国内的游击队行动尤其激烈，德国残酷的镇压激起了南斯拉夫人民的公愤。自从1941年4月征服了南斯拉夫以后，德国就对这个拥有1400万人口早已四分五裂的国家进行了无情的蹂躏，将它的领土瓜分给意大利、保加利亚、阿尔巴尼亚和匈牙利，剩下的地区也都分属于不同的势力范围。克罗地亚和塞尔维亚两个大州仍归南斯拉夫傀儡政府管辖。

德国入侵后不久，南斯拉夫就出现了两支游击队伍。一支是保皇派"切特尼克"，以陆军上校德拉扎·米哈伊洛维奇为首，其宗旨是"赶走德国侵略者，恢复君主政体"；另一支是以约瑟普·布罗兹为首的左派分子——他是一名马克思主义革命者，以"铁托"这个名字广为人知——他的目标是创建一个共产主义国家。这两支游击队利用"打完就跑"的战术在整个战争中至少拖住了德军12个师的兵力。

遗憾的是，这两支游击队之间的争夺更加激烈。左派分子依靠其贴近民心的政治理念团结了国内的农民阶

1944 年 8 月 31 日，罗季恩·马利诺夫斯基将军的乌克兰第 2 方面军进入布加勒斯特，受到热烈欢迎。就在上个星期，这个罗马尼亚的首都还是德国空军轰炸的目标。可惜德军重新夺回这个城市的努力来得太晚了。

级，并赢得国外的支援，渐渐地占据了上风。令人惊讶的是，左派分子的武器和支援不仅来自其思想战线的同盟苏联，还来自美国和英国。这两个国家认为保皇派的实力不如左派分子，而且还与德国暗中勾结，因而不再支持他们。

如此一来，到了 1944 年 9 月，随着罗马尼亚的背叛和保加利亚的沦陷，德国双面受敌。铁托的游击队伍日益壮大，成为一支装备精良、拥有 300000 人的非正规军。他们随时都有可能与驻扎在保加利亚和罗马尼亚边境上的苏军以及保加利亚军队会合。贝尔格莱德方面，东南集团军群司令员，陆军元帅魏克斯想方设法说服希特勒签署了一系列命令，允许 E 集团军开始从希腊撤退。其原先的使命——守卫在希腊大陆，防止盟军登陆——早在那年夏天法国入侵的时候就不了了之了。目前最迫切的是要撤出这个地方。而且，为了守住南斯拉夫，魏克斯需要支援。另外，保加利亚境内的苏军以及希腊北部被保加利亚占领的马其顿地区极有可能切断 E 集团军撤退的后路。

德军的撤退并不顺利。直到 9 月 15 日，希特勒才下令全面撤出罗德岛、克里特岛以及希腊的其他岛屿，而且由于飞机不够用，撤退进度十分缓慢。更难以理解的是，一直等到 10 月 3 日，魏克斯才下令全面撤出希腊和阿尔巴尼亚，整整一周之后，军队才真正开始撤离。这时，英国军队分遣队已经在希腊南部登陆，还有成群的希腊游击队不停地骚扰撤退中的德军——就像在南斯拉夫一样，这些游击队也是由一些保皇派和左翼分子组成。

与此同时，苏军对南斯拉夫的进攻也开始了。9 月 22 日，托尔布欣的乌克兰第 3 方面军先锋部队向西越过多瑙河开始进攻。他们将目标瞄准了贝尔格莱德，即塞尔维亚傀儡政府的首都，也是南斯拉夫战前的首都。短短两个星期，塞尔维亚东部地区满眼都是德意志帝国的敌人。驻扎在保加利亚和罗马尼亚南部的乌克兰第 2 方面军共派出了 19 个步兵师和 500 辆坦克。再往北，马利诺夫斯基手下乌克兰第 2 方面军的左翼部队横扫了塞尔维亚内陆地区。3 支保加利亚军队在斯图卡式俯冲轰炸机的支援下，攻打位于贝尔格莱德东南 125 英里处的塞尔维亚城市尼斯。其勇猛的战斗精神令他们的前联盟德国大吃一惊。铁托游击队方面已经和贝尔格莱德南部红军的先头部队挂上钩了，第一批运到的武器包括 100000 支来复枪，68000 门机械化大炮，还有一些武器将在几个星期内由苏联提供给他们。

F 集团军从一开始就被判了死刑。不仅在数量上远远少于对手，而且大多数都是一些上了年纪的老兵，装备也极其简陋，坦克、机动化运输车辆都很缺乏。而魏克斯的错误指挥又更分散了兵力。尽管如此，战士们仍然顽强奋战。在前往贝尔格莱德的途中，德军的指挥官们将所有的步兵团、坦克和突击炮集中在一起，等苏军坦克开到足够近的区域，然后再将他们摧毁，直到德军自己被疯狂的敌军歼灭。由于苏军和保加利亚军队屡次切断铁路线，使得乘坐火车从希腊火速向北前来的德军增援部队颇费周折。一个师要花上整整两个星期的时间才到达贝尔格莱德，而正常的情况只需要一天的时间。

苏军的第一个目标，尼斯城，于 10 月 15 日被攻陷。4 天以后，游击队开着苏联红军提供的坦克进入贝尔格莱德，这样一来，他们有权利向苏维埃要求优先权。铁托曾经说服了苏维埃，争取到官方同意让他们攻打南斯拉夫。游击队进攻南斯拉夫首都的斗争早就开始了，经过残酷的巷战，到了 10 月 20 日，游击队攻下整个城市，并宣布胜利。

当 F 集团军向后撤退，在贝尔格莱德西北的斯瑞姆附近建立了新的阵线的时候，他们的战友，在希腊的 E 集团军正一点点地穿过南斯拉夫南部的马其顿省向北移动，最后一支部队于 11 月 2 日翻越了边境。然后，在贝尔格莱德以南 200 英里处，斯科普里铁路中心附近，将苏军和保加利亚军队拖住了很长一段时间，确保其余部队成功地穿过克拉列沃，向西北方向撤退。但是，撤退进展非常缓慢，由于飞机数量的限制，估计有 30000 名德国士兵和 60000 名意大利士兵滞留在克里特岛和希腊的其他一些岛屿上。

苏军攻下了塞尔维亚的大部分地区，大批人马继续向北进军匈牙利，将攻克南斯拉夫其他地区的任务交给了铁托的游击队。在匈牙利，苏军加入了自 8 月底以来就异常猛烈的战斗中，又一次在攻打德军南翼部队高潮迭起的战斗中和弗里斯纳的集团军交锋。

弗里斯纳奉命守卫的匈牙利至多只能算是一个不冷不热的同盟。匈牙利和纳粹德国的关系更多的是出于赤裸裸地对自身利益的考虑，而不是在政治上与德国"意气相投"。这个 900 万人口的国家于 1940 年加入德、意、日轴心国，不单因为害怕苏联共产主义，也是为了重新获取在第一次世界大战中丧失的土地。在第一次世界大战中，匈牙利被迫割让三分之二还多的领土。与希特勒的结盟让匈牙利从罗马尼亚手里拿回了北特兰西瓦尼亚以及捷克斯洛伐克东部被称为罗塞尼亚的地区。作为回报，匈牙利向德意志帝国出口原油、锰矿以及铝矿土，并在德国入侵苏联初期贡献一个军团的兵力。本以为德军很快就会取得胜利，但是，到了1941年秋天，这种期望看起来越来越渺茫，于是匈牙利撤回了所有的兵力，只剩下一个象征性的分遣队驻扎在他们自己的边境上。与德国的关系也随之淡漠。

1943年初，匈牙利开始对西方发出求和的信号。1944年3月，希特勒对这种"背信弃义的行为"忧心忡忡，

德军工兵正在希腊北部一条重要的军用供给铁路线上排雷。巴尔干地区的游击队频繁破坏德军的交通线，帮了苏军的大忙，严重阻碍了纳粹的撤退。

命令德国军队占领了匈牙利首都布达佩斯和其他几个主要城市，还建立了一个亲德内阁，开始将匈牙利的犹太人驱逐到奥斯维辛的煤气室毒死。

希特勒依然让米克洛斯·霍尔蒂·德·娜奇巴恩雅上将继续担任匈牙利的首领，虽然他并不喜欢这个已经上了年纪的老头。他当时已经 77 岁了，自 1920 年起开始执政。他是一个受人爱戴的领袖，也是一个精明、勇敢的实干家。1944 年 7 月，在德国开始驱逐犹太人 7 个星期之后，霍尔蒂及时阻止了德国的这种行径，挽救了布达佩斯繁荣的犹太人社区，这些犹太人多是优秀的商人和专业人士，他们对匈牙利的经济发展尤为重要。8 月 29 日，罗马尼亚政府的下台使他更加清醒，他替换掉亲德内阁，并与同盟国恢复秘密往来。

"看吧，朋友，"当德军陆军参谋长古德里安于 8 月底参观布达佩斯的时候，老谋深算的霍尔蒂对他说，"在政治上，必须时时刻刻都有几招才行。"一个星期以后，霍尔蒂于 9 月 7 日下达最后通牒，要求在 24 小时之内调集 5 个装甲师到匈牙利，否则，将向敌人提出休战。古德里安一边称之为敲诈，同时又不得不开始调配足够的兵力来稳住霍尔蒂。

9 月初，弗里斯纳将军将已经体无完肤的集团军转移至匈牙利，眼下的境况让他不由地想起两个星期以前在罗马尼亚发生的一切。他不再相信匈牙利军队的忠诚

1944年夏天，炮轰过后产生的滚滚浓烟笼罩着布达佩斯的屋顶和尖塔。自从当年春天这座匈牙利的首都被纳粹占领以后，它就成为例行空战的目标，直到1945年2月被苏军攻克为止。

和能力，而且，德军的战线实在是拉得太长了，而这时，德军的实力甚至还不如上一次在罗马尼亚的时候。

新的防线恰好大致沿着特兰西瓦尼亚北部山脉的边缘。1940年匈牙利从罗马尼亚手中收复了这片领土。东北方向的东喀尔巴阡山脉及其向西南延伸的部分，即特兰西瓦尼亚阿尔卑斯山脉，从匈牙利战前的边境向东突出，进入原罗马尼亚境内，状似一个马头。这个被称为塞克勒尔角的突出部，从原来的边界伸出了大约225英里。弗里斯纳的防线弯曲绵延长达500英里，而他只有28个筋疲力尽的德军师，18个极其弱小的匈牙利师，总共不到200000人。

弗里斯纳知道德军是守不住这道防线的，虽然当时红军相当一部分兵力已经转向南部对付保加利亚和南斯拉夫方面。他很害怕重蹈第6军在罗马尼亚时的覆辙，

1944年秋天匈牙利之战中，德军一辆自推式反坦克炮（上）向布达佩斯西南35英里处塞克希费黑瓦尔附近一辆正前进的苏联坦克开炮。（右）德军撤退途中，经常用手推车推着受伤的士兵。

受到敌军的双面夹击。他了解到苏军的另外一支部队，即乌克兰第4方面军正在向北方铺开战线。弗里斯纳担心这支部队和马利诺夫斯基的乌克兰第2方面军一起向南，从侧翼包抄他的军队，并一举包围塞克勒尔突出部。于是，弗里斯纳试图说服上级允许他们向匈牙利战前的边境撤退，霍尔蒂上将似乎也愿意放弃北特兰西瓦尼亚，但是他的建议却遭到了希特勒的拒绝。

9月10日，希特勒在东普鲁士与弗里斯纳的一次会谈中解释了他不允许他撤退的理由。希特勒一再强调匈牙利的关键战略地位。现在，罗马尼亚已经失去了，德国三分之一的原油都来自匈牙利。但是，希特勒也相信红军不会对特兰西瓦尼亚的弗里斯纳发起大规模

的进攻。相反，苏军转向保加利亚恰恰说明了苏联企图占领巴尔干，控制达达尼尔海峡的念头又死灰复燃。希特勒对弗里斯纳说，这一次向南部的进军将会使苏联卷入一场与英国历史利益的冲突之中，这将会成为战争的一个转折点，这些盟国过去曾为这个地区的统治权而争战不休。希特勒这些推断只不过是他个人的臆想。过了许久，希特勒才愿意从这个幻想中清醒，同意弗里斯纳将特兰西瓦尼亚的部分军队撤退到穆列什河后面去。

为了能够得到撤军的批准，弗里斯纳不得不附和希特勒，答应他两个根本不切实际的约定。其一是将新建立的战线向外弯出，以覆盖位于瓦特拉－多尔内的锰矿，大约在匈牙利战前边境以东 150 英里处。而事实上，矿山的工人早已弃之夭夭了。另外一个是弗里斯纳需要在冬天的时候在穆列什河建立防线。9 月 15 日，弗里斯纳完成了整个撤退，并试图在高达 8,000 英尺的崎岖不平的高山地带停留一个星期左右的时间。

而此时，苏军也正在重整旗鼓，积蓄新的力量，并将重心向西部转移，沿着塞克勒尔突出部的尽头，一直到罗马尼亚的城市阿拉德。

10 月 6 日，苏军从罗马尼亚的西南角发起进攻，攻打早已疲累不堪的德军右翼部队。总共大约 64 个师，其中包括 22 支罗马尼亚师，向西北方向挺进，从阿拉德和奥拉迪亚之间的特兰西瓦尼亚阿尔卑斯山脉地区

布达佩斯多瑙河上的玛格利特桥在战略上具有重要意义，在 1944 年 11 月 4 日被德军突然炸毁了。纳粹工兵在多瑙河的许多桥上都放置了炸弹，以阻挡苏军的前进。

展开突袭，粉碎了新建立起来的匈牙利第3军，冲入匈牙利境内的低地。有一些部队在三天之内突进了50英里，很快就到达了塞格德（匈牙利南部城市）的蒂萨河（东欧，多瑙河支流），在布达佩斯东南方不足100英里处。

然而，起关键性作用的是苏军右翼的装甲部队，他们向北进发，进军匈牙利第3大城市德布勒森。和弗里斯纳预料的一样，这支部队的目的是想与乌克兰第4方面军的先锋部队会合。这支先锋部队正在从捷克斯洛伐克、波兰和乌克兰交界的地方向南进军。苏军意欲掐住塞克勒尔突出部，将德匈盟军包围在特兰西瓦尼亚。

希特勒游移不定，弗里斯纳却已经开始行动了。他命令突出部中的军队——即沃勒尔集团军，由德第8军和匈牙利第1、第2军组成——向西展开奋战，以撤退到蒂萨河。军队开始从山上的据点撤退，包括位于喀尔巴阡山脉的克鲁日（罗马尼亚西北部城市）。它是特兰西瓦尼亚的一个交通枢纽，对德军来说极其重要。

与此同时，弗里斯纳调动部队阻击苏军，以阻止苏军在德军撤退到蒂萨河之前包围他们的企图。他从布达佩斯调回了一个装甲师，这个师本来是希特勒出于政治上的考虑而派往布达佩斯的；他还动用了另外4支装甲师中的一支，这四个师是希特勒答应霍尔蒂早先下的最

1945 年 1 月，德国军队被苏军包围在布达佩斯城内，为了给他们提供增援，45架德国滑翔机朝着城中公园内一块狭长的区域降落。图中的飞机惨遭坠毁。

后通牒而派往匈牙利的。10 月 10 日，这几支部队组成的方阵急速穿过平原，从东西两个方向攻击苏军近卫坦克第 6 军，并向北朝着德布勒森进军。德布勒森位于匈牙利战前的边境上。这次的突然袭击，让人不由地想起原先那些运用闪电战的日子，取得的效果暂时切断了苏军的三支军队。接下来的 4 天里，德布勒森附近的平原地带展开了激烈的坦克战，战斗之猛烈，几乎分不清敌我。其中有一天，第 23 装甲师独自摧毁了苏军 55 辆坦克中的 26 辆。

苏联装甲部队最终赢得了这场势均力敌的拉锯战，于 10 月 20 日攻克了德布勒森。往南 200 英里的贝尔格莱德在同一天失陷。2 天以后，苏军先头部队又攻下了德布勒森往北 35 英里的一个城市尼赖吉哈佐，而且往蒂萨河上游逼近 15 英里，但是仍然无法和已经向东进入捷克斯洛伐克的乌克兰第 4 方面军会合。第 2 天，趁着撤退路线仍然在特兰西瓦尼亚最北部，弗里斯纳把赌注压在来自第 3 装甲军团的增援部队身上。在沃勒尔被围困的军队从东部进攻苏军的时候，弗里斯纳的这支新增装甲部队从西侧给了苏军重重的一击。突如其来的两面夹击在德布勒森和尼赖吉哈佐之间会合，将苏军的兵力分散开来，估计摧毁大约 600 辆坦克，并在 10 月 26 日重新夺回了尼赖吉哈佐。此时，沃勒尔的军队向蒂萨河撤退的大门已经敞开，并和重建的第 6 军一起形成了一条新的防线。自从苏军冲破了罗马尼亚的防线，弗里斯纳就没能将所有的部队整合在一起形成一条连续的防线。

　　同一时间，德军在布达佩斯也取得了另一种形式的胜利，促使匈牙利继续参加这场战争。希特勒获悉霍尔蒂上将正在与苏联谈判讲和的事情，于是，他派出一支训练有素的突击队，由纳粹党卫队少校奥托·斯科尔兹尼带领，前往布达佩斯以阻止匈牙利政府事变。10 月 15 日，在布达佩斯电台宣布接受苏联和平条约 4 个小时以前，突击队绑架了霍尔蒂的儿子。接着，迅速冲进城堡山，城堡山是匈牙利政府的大本营，在这里能够眺望多瑙河。德军牢牢地控制了整个局势，霍尔蒂只好同意退位，并指定由费伦茨·萨拉希，一位亲纳粹的箭十字党的首领，来领导一个新的政府。

德军在战场上以及在布达佩斯取得的双重胜利，也只是让弗里斯纳和他新近重新命名的南方集团军(原名为"乌克兰南方集团军"，而此刻他们距离乌克兰已有近500英里之遥，因此只好去掉"乌克兰"这一前缀)再苟延残喘罢了。经过几次战役，他现在的4支装甲师和2支装甲掷弹兵师只剩下了67辆坦克。苏军目前已经控制了东部匈牙利三分之一的地区。弗里斯纳仍无法向南与陆军元帅魏克斯的F集团军会合。F集团军自从贝尔格莱德失陷以后就驻守在南斯拉夫蒂萨河下游地区。

匈牙利军队士气非常之低下，许多部队成建制地投降了红军，其中不乏高级军官。值得一提的是，陆军参谋长基努斯·付罗斯将军也选择了承受叛敌的屈辱，开着他的战友海因茨·古德里安最近送给他的豪华奔驰车投入了敌人的怀抱。仍驻守在匈牙利的德国士兵，一如希特勒几个星期前所说的那样"在火山上煎熬着"。

弗里斯纳新建立的防线是否牢固在10月底终见分晓。10月29日，苏联第46军在机械化作战部队的支援下，从下游穿过蒂萨河，转向弗里斯纳南翼方向，这部分此时由匈牙利第3军负责把守。苏军向西北方向蒂萨河和多瑙河之间的德军防线后穿梭。到了11月4日，他们前进近80英里，占领了所有通往布达佩斯外围的道路。后来，德军的装甲部队打败了他们的右翼部队，

大本营突变

阿道夫·希特勒于 1944 年 9 月秘密获悉，他的同盟匈牙利领袖米克洛斯·霍尔蒂·德·娜奇巴恩雅海军上将打算与苏军讲和。得知这个消息后，他非常气愤，随即召集其爱将，突击队头目党卫队少校奥托·斯科尔兹内，并委派他阻止匈牙利的投降行动。希特勒咆哮着：“你必须作好充分准备，必要时用武力拿下布达佩斯的大本营。”

斯科尔兹内和他的特种部队潜入布达佩斯，当霍尔蒂 10 月 15 日宣布将与苏军讲和时，他们迅速出击，绑架了霍尔蒂的儿子尼克并把他捆送到维也纳。

第二天早晨 6 点，斯科尔兹内和他的队伍进入城堡山，即霍尔蒂的大本营——霍尔蒂的皇宫和其他政府大楼的所在地。一辆装甲坦克冲破霍尔蒂住所前的路障，德军紧随其后，轻而易举地剿灭了匈牙利军队。不到 30 分钟的时间，德军就占领了大本营，抓获了霍尔蒂。

这位摄政者被送往德国，在那里，他被尊为“首领的客人”，远离战争。一个亲德派的傀儡被安排当选总理。

德军守卫在政府大楼的外面，霍尔蒂就是在这里被捕的。

事变过后，党卫队少校奥托·斯科尔兹尼（左）在总参谋长艾德里安·冯·弗克萨姆（右）上校在一位副官的陪同下穿过城堡山的广场。

在这次事变中，四名德军阵亡。图为其中两名士兵的尸体躺在缴获的武器旁边。

迫使他们向东南方后退了几英里。

　　苏军的这次突袭揭开了被弗里斯纳称为"布达佩斯之战"的新一场战役的序幕。古老的、可爱的布达佩斯不仅在军事上，而且在政治上也是一座令人骄傲的城市。苏军于 11 月 11 日重新调整了攻打布达佩斯的作战计划。接下来的几个星期，苏军改变战术，不去攻打主力部队，而是在布达佩斯外围布下多支部队试图包围整个城市。托尔布欣率领的乌克兰第 3 方面军，已从解放贝尔格莱德的战斗中分离出来，从南斯拉夫向北进军，加入到这场激烈的战斗中来。弗里斯纳被迫放弃在蒂萨河的防线，向后撤退，直到离布达佩斯如此之近，以至于一些匈牙利军官晚上可以回到他们在布达佩斯的家中睡觉，坐在有轨电车上与前线保持联络。

　　12 月，弗里斯纳和古德里安又一次发生冲突。古德里安此时已经沦落为元首的传话筒。苏德兵力的差距预计为 10 比 1，面对如此悬殊的兵力，弗里斯纳反对希特勒发动巷战、坚守布达佩斯的命令。布达佩斯的人民，似乎故意与德军捣乱，竟自顾自地开始准备过圣诞节，如果被逼急了的话，他们有可能会将矛头转向德国。而且，他还想把希特勒进行反攻行动的命令推迟到泥泞的土地上冻以后。12 月 22 日，古德里安罢免了弗里斯纳的职务，委任奥托·沃勒尔将军接替他。4 天以后，苏军成功包围布达佩斯。

　　希特勒发誓要攻破布达佩斯的包围圈，守住匈牙利的油田。布达佩斯及其周边地区——188000 名德国匈牙利士兵与近 100 万城市居民被人山人海的苏联和罗马尼亚士兵团团包围——此刻在希特勒的眼里变成了帝国尊严的象征，甚至超过了斯大林格勒曾经有过的地位。匈牙利的油田位于新建立的西部防线后方，临近巴拉顿湖，是第三帝国战争机器的命脉。希特勒处于一种誓死攻克布达佩斯包围圈的狂热当中，他没有和古德里安商量，就擅自命令赫尔贝特·吉勒的党卫队第 4 装甲旅从华沙附近转移——此时苏联红军正要从波兰发起他们酝酿已久的最后总攻。

从 1945 年 1 月 1 日起，吉勒就率领他的装甲部队一次又一次地向苏军在布达佩斯周围的驻军进攻。首先，他们从西北方向进军布达佩斯，然后沿着逆时针方向从布达佩斯的西部和南部开始攻打。但是，4 个星期过去了，苏军的包围圈岿然不动。同时，乌克兰第 2 方面军蜂拥冲入佩斯特地区，1 月 19 日该地区德军全军覆没。布达佩斯被多瑙河分成东西两部分，佩斯特是城市的东半部分，一位德军战地记者将它描述成"一个充满腐烂气息令人作呕的地方"。跨越要塞高地布达之后，德军最后一支部队又维持约三个星期的时间，在这期间，他们仅仅靠稀得可以照见人影的马肉汤和面包，还有希特勒答应增援的承诺度日。

直到 2 月 12 日，他们清醒地认识到增援是不可能的了。当天晚上，即布达佩斯投降前夜，16000 名德军试图攻破包围圈。事实上，只有 785 名士兵真正到达增援德军的阵地，其他的都在距离城市几英里的地方被包围击毙了。苏军的统计可能有点夸张，据说布达佩斯之战中至少有 50000 名德匈士兵死亡，有 138000 名被俘虏。

直到 4 月份，德军一直在匈牙利西部奋战，死伤无数。但是，跟布达佩斯之战一样，也只不过是一出悲剧中的一个小插曲罢了。最主要的一幕——"最后的序曲"，古德里安这样称呼它——已经在北部上演。在布达佩斯失陷以前，苏军已经大规模攻进波兰，开始向第三帝国本土进发了。

坐在战车背上的这些忧郁的、疲惫不堪的士兵，是
为数不多的几名冲破了苏军在布达佩斯的包围圈的德国
兵。苏联于 1945 年 2 月 13 日接管了布达佩斯。

华沙起义

　　1944 年 8 月 1 日，波兰地下武装家乡军的 25000 名爱国者与几千名波兰人民冲上大街暴动，力图从德国侵略者的手中夺回这座城市。在塔德乌什·科莫罗夫斯基将军的率领下，波兰人民决定捍卫他们的首都，以防止从东部前线撤退回来的德国军队的肆意践踏，并抢在苏军到达前争取华沙独立。虽然他们清楚只有依靠盟友的帮助，起义才会成功，但是，他们仍然希望建立一个不被苏联控制的政府，即使需要付出一些代价。

　　在苏军轰隆隆的炮声的鼓舞下，在苏军无线电台一再呼吁抗战的呼吁下，波兰人民，不论年龄大小，不论政治派别，均开始袭击华沙及其周围的德国阵地。

　　当党卫队头子海因里希·希姆莱获取了起义的消息后，马上从东普鲁士的司令部飞往华沙以西大约 160 英里处的波兹南，以采取相应的行动。为了给驻守华沙的德军提供增援，希姆勒聚集了附近所有能用的力量，包括一支警卫分遣队和党卫队的两支刺头部队。其中一支是由一些曾经服过刑的人和以前的苏军战犯组成；另一支是由一些憎恨波兰和共产党的乌克兰叛国者组成。在希姆莱对这 12000 名士兵的命令中有一段是这样的："华沙的每一个人都要死。我们一定要把华沙夷为平地。这样我们才能在整个欧洲起到杀鸡儆猴的作用。"

波兰游击队攻打华沙一座被德军占领的大楼。他们留下了一个意为"波兰之战"的标记（左下）。

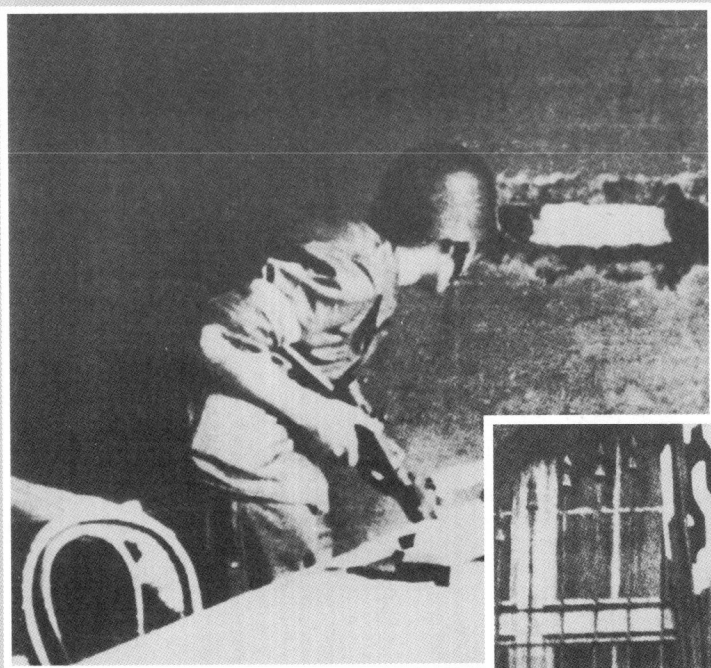

一位游击队员扯下大楼上的纳粹旗。当起义爆发时，华沙人民摧毁了纳粹标志，升起了波兰的国旗。

波兰军队的狙击兵正在等待猎物的出现（上图）。为了节约子弹，波兰战士都等到敌人足够近的时候再开枪。

令人振奋的突袭

　　尽管德军情报已警告华沙城内将发生事变，但是，波兰家乡军首次进攻的猛烈程度也着实让驻扎在华沙的德军吃了一惊。到8月3日为止，起义军已经控制了华沙四分之三的地区。凭着仅仅够一个星期的口粮和弹药，他们袭击了德军的供给仓库和弹药库及其行政部门的办公室。德军从水泥加固过且围有带刺钢丝网的防御工事发动反攻。在华沙东部边界维斯瓦河，起义军试图占据主要的桥梁，但是很快就被打退回来。

　　8月4日，希姆勒匆匆组建起来的军队，在坦克、重型大炮、轰炸机的支援下，从西侧冲进华沙，开始一场血腥的屠杀行动，短短几天的时间就杀害几千名华沙人民。波兰家乡军大部分被逼进了华沙老城区，在那里，他们用老式的枪炮和自制的手榴弹战斗，子弹不够用的时候，只好用砖头石子。这种拉力战一直持续到8月中旬，德军第9军的加入使得镇压游击队的战役变得正规起来。

　　一伙游击队员俘获了德军的一辆战车。这辆战车使得零零散散的家乡军之间的联络迅速起来。

　　硝烟弥漫在华沙电话交换大楼周围。游击队员放了一把火，把德军赶出去以后，就搬了进去，并迅速灭火。

德军正在准备配备了爆炸装置的、能够远程引爆的自推式战车。

德军的残酷报复

德第9军动用了维斯瓦河炮艇和炮兵阵地的坦克、火箭炮发射器以及迫击炮。战斗机肆无忌惮地进行轰炸。猛烈的袭击点燃了整个华沙，很快就把它变成了一个火炉。一位动摇了的游击队员这样写道："每时每刻，敌人的斯图卡式俯冲轰炸机盘旋在战地上空，狂轰滥炸。这是一场彻底的大屠杀，而我们连一门防空大炮都没有。"

在华沙的大街上，德军正将一枚火箭炮装在发射装置上。

作战大炮被孤零零地弃置在华沙城内。这些笨重的战车很容易就被那些几乎没有任何装备的游击队员给掠夺了。

普鲁登士尔摩天大楼，华沙的里程碑，曾经被家乡军当作据点，在德军的一次炮轰中毁于一旦。

德军傀儡塔诺瓦斯卡伯爵夫人和家乡军一位代表在谈判前。

无谓的等待

一次又一次地，华沙的波兰起义军试图攻破德军的外围，以解救那些被围困在老城区里面的同胞们。最终，将近8月底的时候，老城内战士们通过下水道逃了出来。有一些向北逃到郊区，其他的向南方一个叫作"中心城市"的地方逃去，剩下2500名受伤人员。到现在为止，共有30000人牺牲，50000多人受伤。随着供给的迅速减少和德军的攻击日益猛烈，波兰家乡军从来没有像现在这样迫切需要外来的援助。但是此时，苏军却袖手旁观，在维斯瓦河的东岸耐心等待。9月7日，波兰起义军同意和德第9军谈判投降，并派出波兰红十字的总统塔诺瓦斯卡伯爵夫人去会见德军高级将领。三天过去了，已经安静了几个星期的苏军大炮又响了起来。这大概意味着苏军改变了主意，于是，波兰起义军突然终止了和平谈判，德军攻打华沙的战斗也重新打了起来。

一位妇女突然出现向德军投降。墙上的洞是起义军挖来送信用的。

一个受伤的起义军战士从下水道里爬出来，德军却早已等在那里。

令人绝望的时刻

苏军的帮助微乎其微。他们的大炮把德军赶出了华沙最东边的郊区，并把他们赶到了维斯瓦河的西岸。接着，苏军又一次停下来静观其变。

与此同时，在德军的攻击中，华沙城内有几千人受伤，可是临时代替的医院医疗设备缺乏，医生们不得不在没有麻醉的情况下用手锯给他们截肢。饥饿的人们把宠物都给吃了，德军切断水源后，他们只能喝污水沟里的脏水，甚至去舔地下室潮湿的墙壁。

美国的战斗机试图缓解他们的窘况，却错误地将支援物品空降在德军的地盘上。为了维持其对波兰起义的支持，苏军的几架飞机投下了子弹——却和他们的武器根本对不上号。面对毫无实质性的援助，波兰家乡军领袖只好重新要求与德军对话。

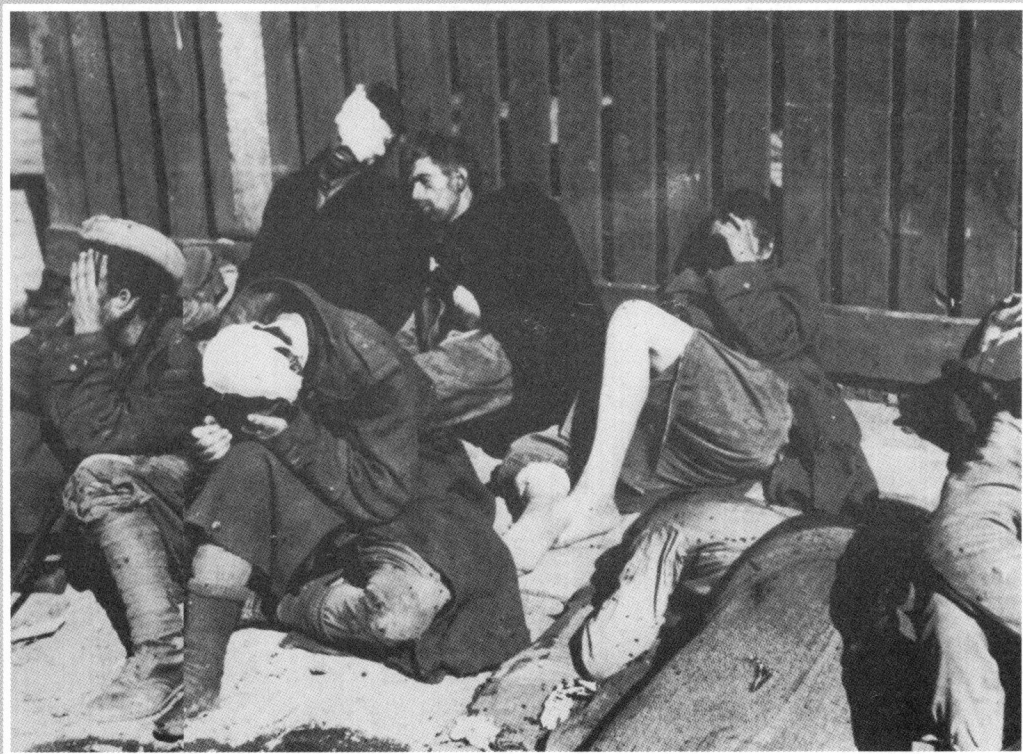

从地窖和下水管道中爬出来后，饥饿的、筋疲力尽的波兰起义战士正等待着他们投降的命运。

223

带着行李，这些波兰人正排队等候将把他们载向集中营的火车。

放下武器

　　10月2日早上8点整，波兰家乡军四位代表与德军华沙指挥官埃里希·冯·德姆·巴赫－泽勒瓦斯基将军会晤。他们同意投降，但是必须满足他们的要求：所有家乡军都必须按照国际惯例当作战俘对待；赦免那些在起义前犯有政治罪名的人；不许报复波兰人民。

　　经过几个回合的谈判，终于签署了和约。9000多名家乡军战士被送进了战俘营地，另有大约3500名躲了起来。德军将几十万名被打垮的、但依然强壮的波兰人塞进火车，把他们运送到集中营。另外还有大约70000名老弱病残被赶到农村去自谋生路。

鲍尔将军，波兰家乡军头领，向党卫队巴赫－泽勒瓦斯基将军投降。

一名战士手持喷
火器，点燃那些拒绝
投降的家乡军藏身的
地方。

一座城市的毁灭

根据德军的数字，在长达63天的起义中，德军共2000人阵亡，9000人受伤。波兰起义军共有16000人死亡或是失踪，失踪的那些估计也已经死亡了。200000多名市民死于非命，差不多是华沙总人口的五分之一。德军对此仍不满意，成立了破坏小组，又花了三个月的时间有系统、有组织地将城内的博物馆、学校、剧院、医院和私人住宅化为灰烬。一些具有文化历史意义的宝贵的建筑荡然无存。纳粹的建筑师和美术史学家带着破坏小组来到波兰的英雄纪念碑、中世纪的教堂和宫殿以确保所有这些都被彻底毁掉。希特勒在德意志帝国国会最后一次演讲中得意扬扬地宣布："现在，华沙只不过是欧洲地图上的一个地理名词罢了。"

华沙老城区城堡广场的一片废墟上，波兰17世纪的统治者西吉斯蒙德三世的雕像被重新整理了一下。战争结束后，400000名波兰人民重返家园，在这座满目疮痍的城市生活。

图书在版编目 (CIP) 数据

燃烧的土地 / 美国时代生活编辑部编；卜祥丽译
. —— 修订本 . —— 海口：海南出版社，2015.1
（2022.9 重印）
　（第三帝国）
　书名原文：The third reich:Scorched earth
　ISBN 978-7-5443-5804-0

　Ⅰ.①燃… Ⅱ.①美…②卜… Ⅲ.①德意志第三帝
国 - 史料 Ⅳ .① K516.44

中国版本图书馆 CIP 数据核字 (2014) 第 271481 号

第三帝国：燃烧的土地（修订本）

DISAN DIGUO: RANSHAO DE TUDI (XIUDING BEN)

作　　者：美国时代生活编辑部
译　　者：卜祥丽
选题策划：李继勇
责任编辑：张　雪
责任印制：杨　程
印刷装订：北京兰星球彩色印刷有限公司
读者服务：唐雪飞
出版发行：海南出版社
总社地址：海口市金盘开发区建设三横路 2 号
邮　　编：570216
北京地址：北京市朝阳区黄厂路 3 号院 7 号楼 102 室
电　　话：0898-66812392　010-87336670
电子邮箱：hnbook@263.net
经　　销：全国新华书店经销
版　　次：2015 年 1 月第 1 版
印　　次：2022 年 9 月第 2 次印刷
开　　本：787mm×1092mm　　1/16
印　　张：14.5
字　　数：180 千
书　　号：ISBN 978-7-5443-5804-0
定　　价：45.00 元